JN439391

효세계화운동본부

효사랑 공모전 수상작 2012

어머니는
슬픔이며
기쁨입니다.
언제나 죄송하고
미안한 분입니다.

우리는
어떻게 하여도
그분 앞에
떳떳이 설 수 없는
죄인입니다.

어머님은
사랑이시며
희생이시고
헌신이시며
생불입니다.

효세계화운동본부

인간성과 도덕성이 실종 되어가는 안타까운 현실을
극복하기 위한 방안으로 효를 주창하면서
김수환 추기경, 한경직 목사,
조계종 종정 월하 스님,
김준엽 고려대학교 총장, 조순 부총리,
최창규 독립기념관장, 이강훈 광복회장,
서영훈 흥사단 이사장 등
각계각층의 원로 115명이 모여
1994년, 효세계화운동본부를 설립하였습니다.

효세계화운동본부는
효 교육 이론 정립, 효행법 제정,
효 실천과 효 사상 전파에 전념하고 있습니다.
그 일환으로 시작해 온 '효사랑 글짓기 공모전'은,
우리 민족이면 누구나
인터넷 카페 '효사랑방'을 통해
외국에서도 많은 공모작을 보낼 정도로
큰 호응을 얻고 있습니다.

효세계화운동본부

효사랑 공모전 수상작 2012

|책을 펴내며|

효사랑 공모전의 꿈

김삼열(효세계화운동본부 이사장)

이 작은 효사랑 글짓기 공모전에는 큰 꿈이 있습니다.

그 꿈은 사람들이 행복하게 살아가기 위해 꼭 필요한 사랑이 넘치는 가정을 만드는 꿈이며, 그 사랑이 넘치는 가정으로부터 바르고 착한 사람들을 사회에 배출하여 궁극적으로는 우리 사회가 서로 믿고 사랑하며 살 수 있는 행복한 세상을 만들고 싶은 꿈입니다.

부모를 지극히 공경하고 효도하는 사람은 날이 갈수록 선하고 착한 아름다운 사람으로 변해가는 신비함이 있어 효행으로부터 행복한 세상을 만들 수 있다는 결론으로 효세계화운동을 전개하고 있습니다.

사실상 효는 기독교, 불교, 유교 등 모든 종교와 위대한 성현들의 한결같은 가르침으로 인성교육을 위한 최선의 방안이기에 행복하고 아름다운 세상을 꿈꾸며 효 운동을 전개하고 있습니다.

집단과 개인의 이기주의와 금전 만능주의로 폭력이 난무하는 오늘, 절체절명의 과제는 인간성 회복이며 인간성 회복의 지름길이 효이기에 효를 주창하는 것입니다.

오늘의 우리 사회는 자신의 부모조차 제대로 모시지 못하는 불효자들이 선생님을 하고 정치가, 법률가, 사회지도자로 행세하는 세상이니 어떻게 우리 사회가 바로 설 수 있으며 어떻게 행복한 사회가 될 수 있겠습니까?

효자는 겸손한 사람이며 바르고 착한 사람입니다. 역사 속에서 존경받는 사람들은 모두가 큰 효자였습니다. 성현이 말씀하시기를 자신이 어떤 사람인지를 알고자 한다면 자신이 얼마나 효도하는 사람인지 스스로 반성해 보면 알 수 있다고 하셨습니다. 불효자는 결코 바르고 착한 인간성을 갖춘 사람일 수 없습니다.

요즈음 청소년들은 불효자가 많고 학력이 높을수록 불효자가 많다고 하니 이 세상이 어떻게 행복한 사회가 될 수 있겠습니까? 오늘의 세상은 분명히 잘못 되어가고 있습니다.

효사랑 글짓기의 절절한 꿈은 바르고 착한 사람이, 겸손하고 인간미 넘치는 사람들이 이 세상의 주인이 되어 이 세상을 행복한 세상으로 만들어 가는 것입니다. 이 작은 효사랑 글짓기 공모전이 언젠가는 세상을 아름답게 바꾸어 나가는 뜻있는 행사가 되기를 기대해 봅니다.

인간을 바르고 착한 사람이 되도록 교육하지 않으면 이 세상은 개인주의와 물질주의를 끝없이 추구하게 될 것이며 결국에는 자식이 부모를 홀대하고 폭력을 일삼는 사악하고 교활한 괴물사회가 될 것이고 지구촌은 전쟁과 마약, 약육강식의 지옥으로 변하고 말 것입니다.

이러한 어려운 시점에 효를 주창하는 것은 바른 인간을 만드는 최선의 방안이 효이며 행복한 가정, 행복한 사회를 만들어가는 지름길이기 때문입니다.

효세계화운동본부는 1994년 김수환 추기경, 한경직 원로목사, 경희대학교 조영식 이사장, 한양원 민족종교협의회 회장, 이일규 전 대법원장, 김용래 서울특별시장, 윤경빈 광복회 회장, 김집 체육부장관, 유달영 성천문화재단 이사장, 유승국 정신문화원 원장, 한완상 대한적십자사 총재, 조완규 서울대학교 총장, 문인구 대한변호사협회 회장, 한표욱 유엔대사, 손재식 통일부장관, 신영균 예술단체총연합회 회장 등 105인의 사회 지도자들이 모여 인간성과 도덕성이 실종되어가는 세태를 개탄하며 시작한 운동본부입니다. 여러분들의 적극적인 참여를 부탁드립니다.

앞으로 효사랑 글짓기 공모전을 대대적으로 거행하여 청소년들은 물론 우리 모두의 인성을 개선하는 뜻있고 의미 있는 행사로 키워나가겠습니다. 청소년들을 중심으로 효를 생각하고 느끼게 하는 효사랑 글짓기에 많은 참여와 조언을 부탁드립니다.

효 사상이 온 세상에 전파되어 가정이 지상의 천국이 되고 인간미가 넘치는 믿음과 사랑으로 가득한 행복한 세상이 되기를 꿈꾸어 봅니다.

|심사평|

보석처럼 빛나는 효심

이미옥(수원과학대 강사, 서울대 국문학박사 연구생)

'효'란 우리가 생각으로는 당연하게 여기지만 정작 실천을 하기에는 너무 어렵고 또 현대에 와서는 낡은 유교문화의 잔재로 인식되어 많은 사람들의 관심에서 멀어지고 있는 단어입니다. 인간관계의 가장 기본 덕목이 되는 '효'가 점점 소홀해지고 있음으로 인해서 관계의 단절을 불러오고 인간 소외가 만연해집니다. 인간관계는 물론이고 부모 자식 간의 관계조차 사랑이 아닌 교환의 대상으로 인식하기 때문에 풍족한 물질 혹은 군중들 속에 있어도 늘 불안하고 외롭습니다. 우리를 가장 행복하게 하는 것이 관계의 복원이고 그 첫 번째 단추가 바로 가족 안에서 서로 사랑하고 화합하는 '효'임을 인식하고 이를 생활화하여 실천할 수 있도록 효세계화운동본부는 온 심혈을 바쳐 '효'를 전해왔습니다. 또한 '효' 정신을 더욱 널리 전파하고자 매년 효사랑 글짓기를 진행하였고 올해로 6년째에 이르렀습니다.

해마다 수백 편에 달하는 원고들이 수북하게 응모함에 쌓입니다. 수백 편의 원고만큼이나 수북한 사연들이 문장마다 행간마다 절절히 담겨 있어 어느 한 편도 선뜻 내려놓기가 어려웠습니다. 매끄러운 문장이나 화려한 수식보다 글 속에 담겨 있는 진심어린 효심이 늘 심사위원들의 마음을 끌었습니다.

어려운 논의 끝에 대상을 비롯한 총 24명의 수상자를 선정하였습니다. 그 중에서 대상으로 선정된 남강수님의 세 편의 시들은 치매에 걸려 모든 기억을 잃어버린 어머니 마음의 지도와 그 지도를 더듬어 찾아가는 아들의 기억이 과거와 현재가 교차하는 가운데 쇠락하는 계절의 이미지를 활용하여 효를 표현해 냈습니다.

장미자의 『칠만 오천 원에 버린 어머니』와 최옥란의 『엄마』에서는 비록 불효한 이야기를 다루고 있지만 그 불효 뒤에 더없는 깨달음과 깊고 짠한 후회의 눈물이 농밀하게 들어 있습니다. 임효진의 『철없는 눈물』과 조미정의 『천년초』에서는 아픈 엄마를 간병한 딸의 안타까움과 후회어린 고백을 쏟아내고 있는데 누가 보아도 그것은 불효라기보다는 효에 가깝습니다. 대부분의 '효'는 불효에서 '효'로 나아가는 끊임없는 깨달음의 과정이 아닌가 싶습니다. 또한 최순우의 『불효자의 고백』과 이진호의 『악몽』은 눈물 없이는 도저히 읽어 내려갈 수 없는 글이었습니다. 특별한 사연을 지닌 두 분의 '효'는 그래서 더 특별했고 마음을 진동시키는 깊은 울림으로 안타까움과 감동을 동시에 전했습니다.

그 외에 우수상을 수상한 김성준의 『심청이는 죽었다』는 수필이 아닌 유일한 논설문으로 우리가 익숙하게 생각하는 '효'의 전형성에 대해 재해석하였는데 문장이 매끄러울 뿐만 아니라 적절한 논리적 근거를 제시하여 무척 설득력이 있었습니다.

이상 제6회 효사랑 전국 글짓기 대회에서 수상한 수상자들을 진심으로 축하드립니다. 상의 우열을 가릴 것 없이 여러분의 마음속에 피어난 '효'야말로 가장 값진 상입니다. 부디 그 사랑을 계속 지켜 나가시고 또 만방에 널리 전파하시길 바랍니다.

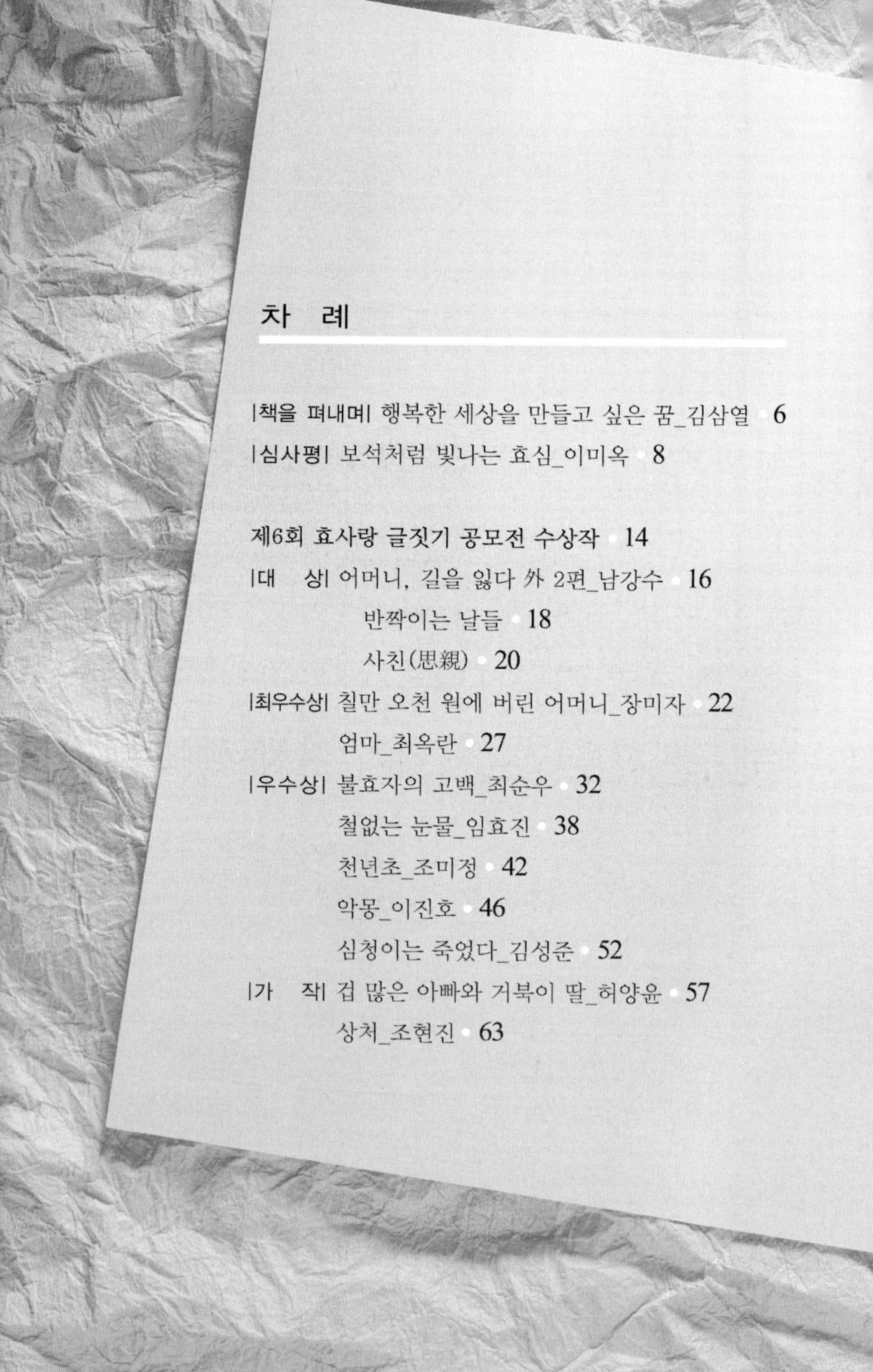

차 례

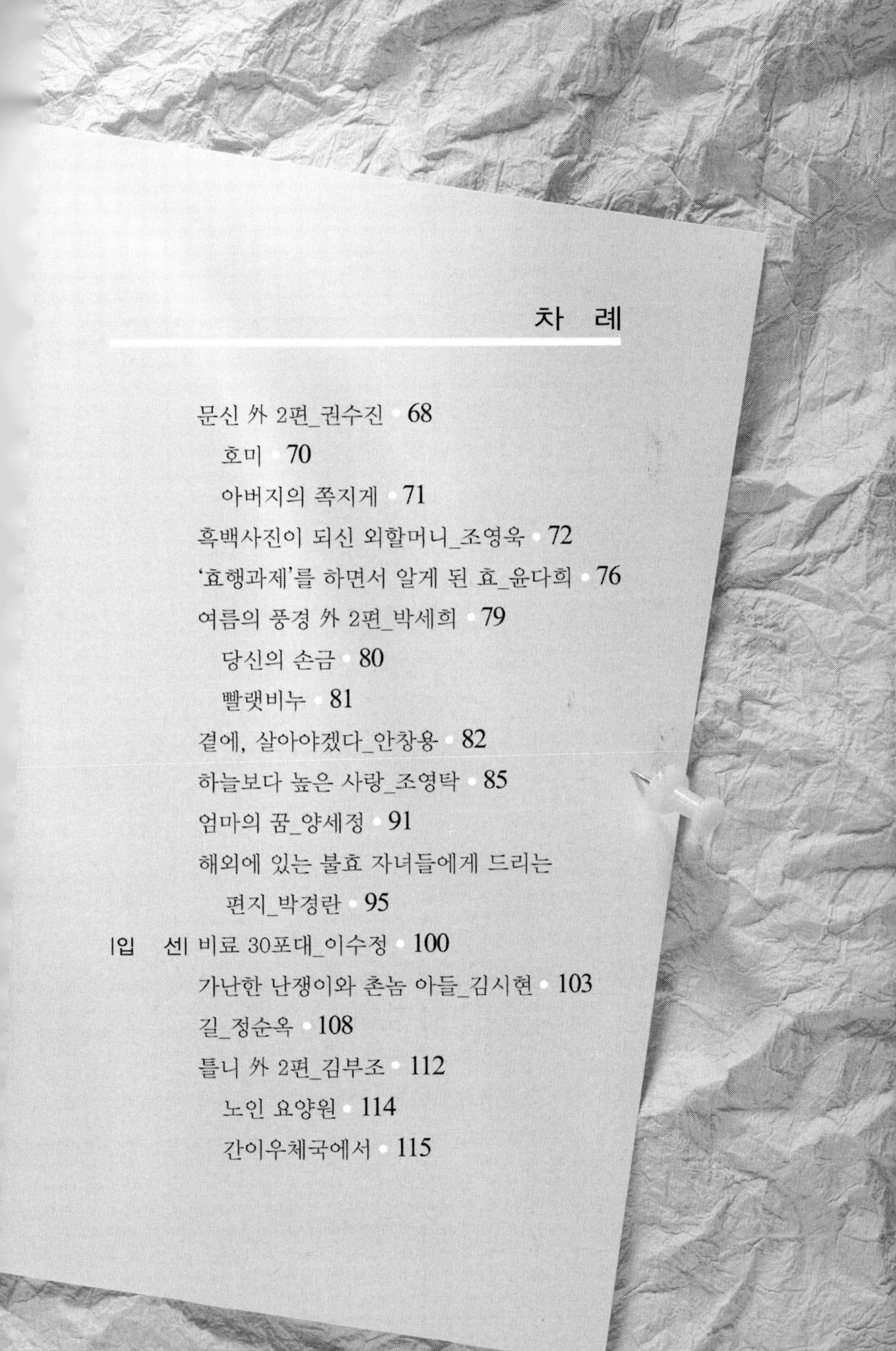

차 례

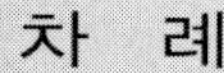

차 례

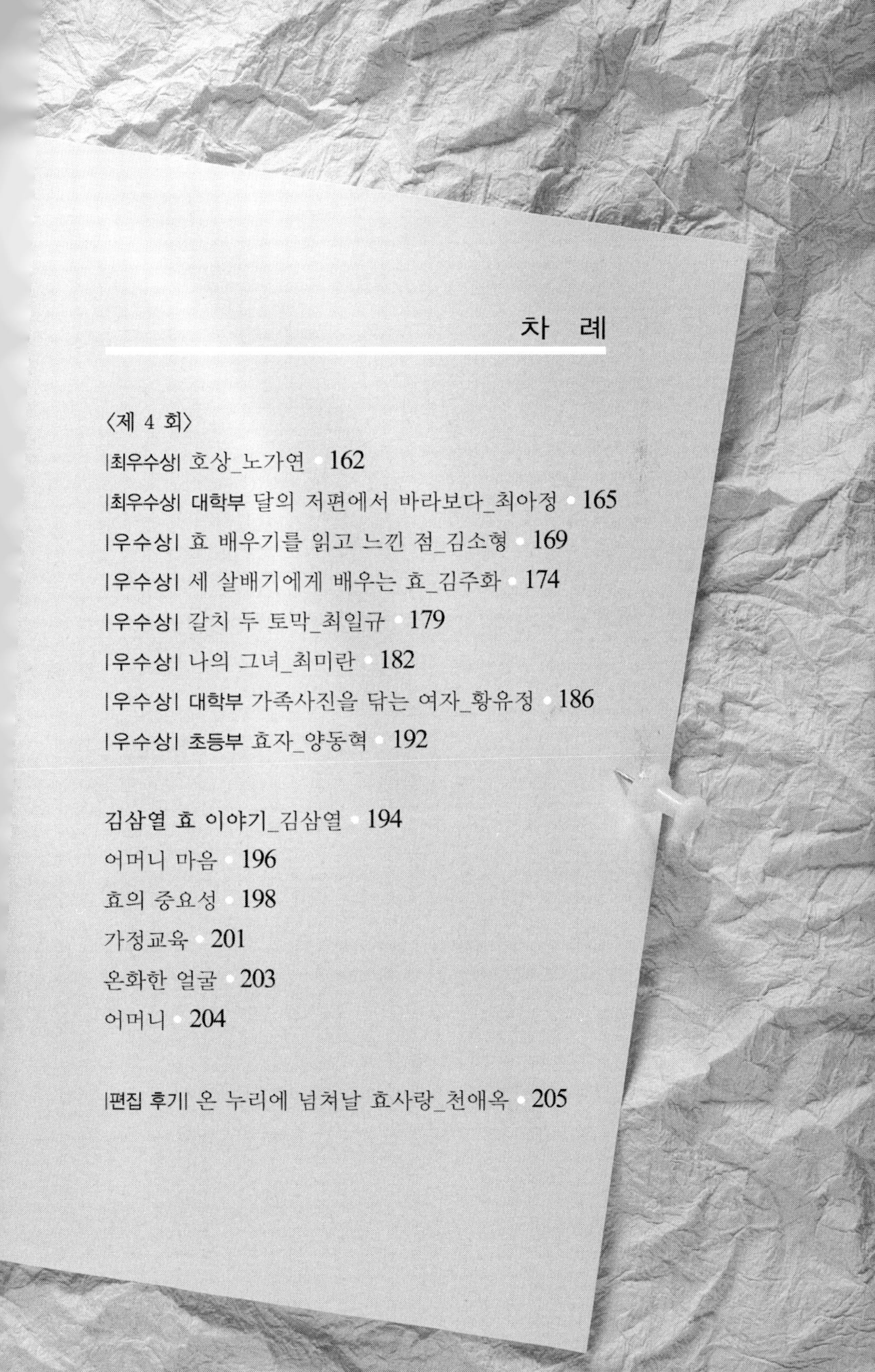

차 례

〈제 4 회〉

쇠무릎 줄기처럼

어머니와 나 사이의 회로도 뚝뚝 끊겨

여기 고단한 대처의 갈림길

목멘 아들의 목소리

아무리 채널을 돌려도

어머니, 다시는 들을 수가 없어

이대로 나는 그만

미아가 되어 버린 것이나 아닐까.

제6회
효사랑 글짓기 공모전
수상작

|대상|

어머니, 길을 잃다 外 2편

남강수

어머니가 웃는다.
-누군지 훤하다이-
사십 여 년 애물단지 까맣게 몰라보고
노인정 벚꽃 아래에서 하얗게 웃는다.

저 얼굴 가득한 길들 어디쯤서 길을 잃었을까.
구부러지고 파인 길 어디쯤에서
길을 잃고
아들을 잃고
-가야제 얼런-
그 애잔한 것들이 기다리는 곳
어느 낯선 처마 밑에서 비그으며
몇 번이나 낡고 축축한 마음 속 지도를 뒤적이고 있을까.

-참말 그 때는 길이 없었제-
망연했던 많은 길들 앞에서 늘 별 수 없던 한 길
그 길섶 어디쯤에 주저앉아 하염없이 쇠무릎만 쥐어뜯고 있을까.

쇠무릎 줄기처럼 어머니와 나 사이의 회로도 뚝뚝 끊겨
여기 고단한 대처의 갈림길
목멘 아들의 목소리
아무리 채널을 돌려도
어머니, 다시는 들을 수가 없어
이대로 나는 그만 미아가 되어 버린 것이나 아닐까.

그렇게 항하사겁*을 서로 부르며
삼천대천세계를 휘 떠돌 것만 같아
꼭 쥐어보는 어머니 손

비닐 봉다리 속 국화빵이 비에 젖는가
어머니 손이 가늘게 떨고 있다.

*항하사겁 : 불교에서 한 겁은 하나의 우주가 탄생했다가 파괴되는 시간인데 항하 즉 인도의 갠지스강에 있는 모래알 수만큼의 겁 수를 가리킴.

반짝이는 날들

I

언제였나
그 두근거리던 푸름은
기억도 없이 사라지고
감당할 수 없이 타오르던
빨강도 까마득히 식어서
어머니는 이제 무채색이 되었다.
몇 번이던가 무릎을 꺾었던 깜장마저
무던히 묽어지다 이제는
짝 없는 첫째, 그
회색 그늘까지 화안하게 잊어버린
눈부신 흰색이다.
팔십 여 년 유채색이 빠져나간 자리
이제 어머니는
아른아른 얼비치는 한산 세모시다.
환한 벤치 위
달려가 담쏙 안으면
바스스 아스라질 것 같은
노란 은행잎 사이로 부서지는
가을 햇살이다.

Ⅱ

치매를 앓는 어머니의 마음에
그만 단풍이 들었다.
오늘이 또 한 잎 가물가물 가지를 떠난다.
그렇게 무성하게 매달려 수런거리던 것들
붙잡고 있기에 가녀린 잎맥이 힘겨웠나 보다.
자꾸 그 빛나고 서러운 잎들을 떨구신다.
남은 몇 잎의 추억으로
-차비 없제. 자 이거- 꼬깃꼬깃 접힌 몇 천 원
가슴 속 지지 않는 단풍잎을 건네신다.
아무렴요. 잊으셔요. 이십 리 등굣길 빈손으로 배웅하던
그 질붉은 기억. 이제 그만 훌 훌 바람에 날리세요.
가뿐한 가지로 다가올 겨울 돌아보지 말고 건너셔요.
그 때까지
견뎌 보지요
천지가 아뜩한 이 반짝이는 늦가을의 날들을.

사친(思親)

첫 송이

볼 것
못 볼 것
하도 많이 봐 지친 눈
노안으로 쓸어 주시고
애맨 소리
애끓는 소리
하도 많이 들어 아픈 귀
노인성 난청으로
주위를 물리시고
희로와
애락으로
때 묻은 마음
저렇게 노망으로
천진하게 씻으신다.
당신의 나라에 들이시려

둘째 송이

바닷물은 떠나며 소금을 남기는데
시든 오이같이 허리 굽은 어머니
그 깊푸른 한은 무엇으로 남을까.

셋째 송이

풍 맞으시기 전
마음이 앞서가 돌아본 것일까
아버지 하염없이 우셨다 한다.
왜 그러시냐는 어머니의 물음에
그저 우셨다 한다.
뺏골 빠지던 가난
그 서러운 사연마저
말문 닫아 거두어 간 저녁.

넷째 송이

아버지 가신 지 쏜살같은 오년.
세월가면 잊힌다지만
처지는 눈 꼬리처럼
알지 못하는 사이
다만 보이지 않는 곳으로 잠겼다가
오늘 이렇게 쭈그려 앉아
깨진 화분을 때우고 있는
늙은 사십 줄의
궁상맞던 아버지.

|최우수상|

칠만 오천 원에 버린 어머니

장미자

하루가 멀다 하고 옷이 찢어질 정도로 오른쪽 가슴팍을 사정없이 쥐어뜯으며 마치 미친 사람처럼 울부짖던 어머니는, 동네 요란하게 사이렌을 울리며 등장한 앰뷸런스 들것에 실려 병원으로 후송됐다. 하얀 가운의 남자는 47년의 낡고 해져 문드러진 육신 하나를 생선궤짝 옮기듯 차 안으로 성의 없이 밀어 넣었다. 겨울비가 생선가시처럼 따갑게 내리던 날이었다.

폐병으로 셋방 두 칸 중 한 칸에 격리되어 하루 종일 기침만 해대던 아버지는, 어머니가 병원으로 실려 가고 있는 걸 뻔히 보면서도 그 지겨운 라디오 뉴스만 듣고 있었다. 볼륨이 잠시 더 커졌던가, 아니던가.

이튿날 병원에서 집으로 온 큰오빠와 언니는 아무 일도 아니라고 했다. 곧 나아 돌아올 거라고만 했다. 감기인지, 배탈인지, 체한 건지, 두통인지 열다섯 나는 묻지도 않았다.

어머니가 없는 집은 자유였고 해방이었다. '내 팔자야, 네 팔자야,' 반은 중얼거리고 반은 내뱉는 지긋지긋한 넋두리를, 푸념을, 한탄을, 하루만이라도 듣지 않으며 산다는 것은 기쁨이었고 행복이었다. 아버지의 가래 섞인 기침소리는 계속해서 들려왔지만 적어도 어머니의 시끄러운 목소리와 말소리보다는 백배 나았으니까.

하루, 이틀, 사흘……. 날이 가도 어머니는 오지 않았다. 공장 잔업을 마치고 병원에 들렀다 온 언니는 어머니의 포장마차 리어카 옆에서 별도 없는 밤하늘을 올려다보며 훌쩍이고 있었다.

집에는 아무도 없었다. 물론 다른 방에 아버지가 있었지만 어차피 아버지는 철저히 다른 방 사람이었으니까 눈치를 보거나 동태를 살피거나 신경 쓸 이유는 전혀 없었다. 동전 몇 개만 달랑 들어있는 어머니의 때 묻은 앞치마에 실망하며 구석으로 휙 던져 놓고 옷가지 들어있는 서랍장을 뒤졌다. 한참을 뒤진 후에야 드디어 돈 칠만 오천 원을 찾아냈다. 분명히 어머니가 숨겨 놓은 돈일 것이다. 어머니는 병원에 가 있으니 나중에야 어찌되든 미리 걱정하고 싶지 않았다. 나는 주저 없이 돈을 들고 냅다 동네를 빠져나와 친구들을 만났다.

앞치마를 만드는 가정 실기시간에도 나는 바이어스 살 돈 오백 원이 없어서 빵점을 맞아야 했고, 스케치북이 다 떨어져서 거만하게 한 장 뜯어 주는 짝에게 두 손으로 공손히 받아야 했으며 도시락을 먹지 못해 학교 뒷산에 올라가 아카시아 잎을 백 번은 아니 천 번은 더 뜯으며 시간을 보내야했다.

그런 내게 하루아침에 거금 칠만 오천 원이나 생겼으니 이 돈이 다 떨어질 때까지는 서러울 것도, 부러울 것도 전혀 없을 것이었다. 게다가 방학이었으니 시간적으로도 마음껏 호사를 누리면 될 일이었다. 친구들과 어울려 떡볶이며 튀김이며 과자를 먹고 싶은 만큼 사먹었고 자전거며 롤러스케이트도 원 없이 탔다. 난생처음으로 나는 친구들에게 최고의 친구가 되었다. 까짓 어머니야 어떻게 되든 말든, 설마 죽기야 할라고.

나는 한 번도 어머니가 있는 병원에 가보지 않았다.

"새벽 세 시를 못 넘길 겁니다."

남자는 뼈만 앙상한 썩은 고기 같은 어머니를 비위 상한 듯 서둘러 내려놓고 돌아갔다.

겨울장마는 어머니가 병원에 간 날부터 병원에 있던 내내 그리고 병원에서 온 날까지도 그칠 줄 모르고 계속되었다. 비 맞은 까마귀가 어머니의 포장마차의 불 꺼진 카바이드 주위를 맴돌다 후두둑 빗속으로 날아갔다.

한 밥상에서 결코 같이 밥을 먹는 일이 없던 우리 가족은 처음으로 누워있는 어머니 곁으로 둘러앉았다. 어머니는 눈도 뜨지 못했고, 말도 하지 못했고, 그나마 숨소리도 세차게 내리는 빗줄기 소리에 파묻혀 들리지 않았다. 그러는 중에도 하품을 하는 남동생을 큰오빠는 찡그린 얼굴로 쏘아보았다.

큰 숨 한 번, 실눈을 겨우 뜬 채 내쉬고는 어머니는 그렇게 죽었다. 가랑이를 벌려 헝겊으로 어머니의 아랫도리를 닦던 아버지는 과장하듯 큰기침을 했고, 훅 하고 풍겨 나오는 냄새에 나는 헛구역질을 했다. 큰오빠가 울고, 언니가 울고, 작은오빠가 울고……. 양 옆을 나누어 보던 나도 따라 울었다. 남동생도 그때서야 나를 따라 울었다.

어머니를 땅에 묻고 오는 날까지도 비는 그치지 않았다.

아무 일 없었던 듯 아버지는 다시 아버지 방으로 들어가 라디오를 틀었고, 큰오빠는 신혼집으로 돌아갔고, 언니는 부엌에서 설거지를 했고, 작은 오빠는 신문보급소로 갔고, 남동생은 잠이 들었다. 그리고 나는 텔레비전에서 나오는 유머 일 번지를 보았다.

어머니의 영원한 부재는 빗줄기만이 슬퍼하고 있었다.

'돈이 어디 갔지? 분명히 여기에 두었다고 했는데…….'

언니는 허겁지겁 서랍 속의 옷들을 파헤쳤다. 몇 번이고 같은 곳을 뒤지는 걸 보면서도 나는 애써 모른 체 했다. 내가 가져간 걸 본 사람은 아무도 없었고, 설마 내가 가져갔으리라고는 생각도 못할 테니 그저 표정관리나 잘하면서 잡아떼고 있으면 될 일이었다.

'그 돈이 있어야 하는데……. 대체 왜 없는 거야?'

찾다 찾다 못 찾고 만 언니는 멍하니 서랍장 앞에서 서글프게 굳어있었다.

쓰고 남은 돈 삼만 몇 천 원 지폐는 돌돌 말아 비닐에 몇 번이나 겹쳐 싸서 옥상에 방치되어 있는 빈 화분 흙 안에 묻어 두었으니 어머니의 포장마차를 맴돌던 까마귀도 절대 모를 것이었으므로 나는 아무런 걱정이 없었다.

저녁을 뜨는 둥 마는 둥 하고 있는 언니를 집주인 아주머니가 밖으로 불러냈다.

"느그 엄마 그래 되고 해서 말 안 할라캤는데 이번 달 집세 주는 날이 벌써 한참 지났다 아이가. 내도 그걸 받아야 묵고 살제. 언제 줄끼고, 으이?"

"네……. 죄송해요. 엄마가 집세 줄 돈을 서랍에 넣어두었는데 도둑이 들었나 봐요. 그 돈이 없어졌지 뭐에요. 곧 구해서 드릴 테니 조금만 기다려 주세요."

"그거야 내는 모르는 일이고……. 아무튼 수일 내로 집세 줘야 한대이."

어머니의 포장마차 검은 그림자가 나를 매섭게 노려보고 있었다.

어머니가 간암 말기로 돌아가신 지 25년이 흘렀다. 어느덧 나는 어머니가 돌아가신 마흔 일곱에서 일곱 살 빠진 마흔 살의 중년이 되었다.

병들어 곧 죽어갈 육신으로도 집세를 마련하느라 낡은 포장마차 카바이드 불빛 앞에서 호떡을 팔았을 가여운 내 어머니. 하필이면 딱 칠만 오천 여 원이 나온 휴대폰 요금 청구서를 보다가 오른쪽 가슴에 생선가시가 박힌 듯 아파왔다.

어머니는 병원 차가운 침대에 누워 얼마나 나를 기다리고 있었을까. 칠만 오천 원에 판 어머니의 목숨을 주머니에 넣고 깔깔거리며 웃던 이 나쁜 딸을.

어머니.

그저 철이 없어 그랬다고 하기에는 너무나 큰 죄이지만 어머니를 잃고부터 25년이라는 세월동안 얼마나 수없이 스스로 제 종아리를 회초리로 치고, 얼마나 많이 찢어질 정도로 가슴팍을 내리쳤는지 모릅니다. 아무리 그래봐야 소용없고 아무리 그래봐야 부질없다는 것을 뻔히 알면서도 바윗덩이처럼 짓누르는 이 죄를 어찌 씻어야 할까요.

어떻게 살다 보니 우리 오남매 중에 시집도 안 간 제가 아버지와 어머니의 제사를 홀로 모시며 매 해, 매 번, 눈물로 절을 하고 통곡으로 음복을 합니다. 그렇게라도 해야만 저의 죄가 조금이나마 가벼워질 수 있으리라는 마음조차도 얼마나 염치없는 바람이고 면목 없는 욕심인지 잘 알고 있지만 어머니, 부디 용서하세요.

어머니가 더 살고 가지 못한 세월, 저라도 오래 건강하게 살아서 내내 어머니를 그리워하며 뉘우치는 것으로 너무도 못됐던 이 작은 딸이 용서를 구합니다.

오늘은 가을 하늘이 유난히도 포근합니다.

살아생전 어머니가 그토록 좋아하시던 국화꽃이 이곳저곳에서 피어나고 있습니다.

향기로운 국화꽃 옆에서 어머니도 국화꽃으로 피어 잠시라도 곱게 머물다 가십시오.

|최우수상|

엄마

최옥란

엄마! 부르기만 해도 가슴이 저미어 옴은 무슨 연유일까?

내 기억 속에서 엄마는 그 흔하디흔한 웃음 한번 변변히 지어보지 못한 사람이었다. 나는 초등학교에 다니던 어린 시절부터 내 엄마가 여느 엄마들보다 다르다는 것을 직감하고 있었다. 생각해보면 어린 시절 도살장에 끌려가는 송아지마냥 정말 하기 싫었던 일이 설날에 엄마 따라 할아버지 댁에 가는 일이었다. 아낙네들끼리 수다를 떨면서 고스톱을 치는 자리에 울 엄마만은 끼지 못했다. 엄마는 시골 정주간을 차지하고 있던 아낙네들 틈새가 아닌 부엌과 아랫목 사이를 오가며 고개를 푹 떨군 채 장작 집어넣기만을 반복했다. 친척들도 엄마를 투명인간 취급하기가 일쑤였다. 엄마는 마음의 빗장을 드리운 사람처럼 하루해가 저물도록 그 누구와도 말 한마디도 섞지 못했다.

친척들도 나에게만큼은 여느 아이들에게 으레 하는 "공부를 잘하냐?", "키가 많이 자랐네."와 같은 지극히 평범한 대화는 거부했다.

"네가 잘해야 돼, 얼른 출세를 해 엄마 기를 살려줘야 한다."

"엄마를 무시하지 말고 잘 모셔야 돼, 알았지?"

"원래부터 모자라진 않았었지. 어렸을 땐 너처럼 똘똘했어. 시집을 잘못 간 바람에……. 쯧쯧."

친척들의 이런 당부와 걱정들이 달갑지만은 않았다. 나는 뭐 애늙은이로 자라야만 하는 숙명을 타고 났나? 엄마의 불우한 운명이 어린 내가 감당하기에는 돌덩이처럼 가슴을 짓누르는 부담이었다. 다른 엄마를 두었더라면 아이들 틈에서 개구쟁이처럼 마구 뛰놀며 구김살 없이 자랄 수 있었을 텐데…….

오가는 친척들의 대화 내용을 통해 엄마에 대해 대충 알게 되었다. 외할머니가 재가를 하면서 엄마를 다른 집에 양녀로 보내게 되었고 눈칫밥을 먹고 자란 엄마는 후유증으로 신경쇠약을 앓고 있었다. 엄마는 고주망태 술주정이 심한 아버지를 만나 피멍이 들도록 맞고 살면서도 악~ 소리 한 번 변변히 내지 않고 인내하면서 살아왔다. 세상 사람들이 하나같이 공인할 만큼 질긴 엄마의 그 와이어 줄 같은 인내심이 엄마의 입을 봉해버린 아교가 되었는지도 모른다. 엄마는 딸과의 소통마저 서툴렀다.

엄마를 생각하면 가슴 한구석에서 마구 밀려오는 먹먹함을 감출 길이 없었다. 하지만 한 번도 엄마를 사랑한다고는 느끼지 않았다. 다만 엄마의 생이 한없이 불쌍했을 뿐 엄마를 받아들이는 일이 내겐 부담이었다.

나도 마음을 가다듬고 엄마를 사랑해 보리라고 수없이 생각했었다. 노력도 해보았었다. 하지만 외부 세계와 단절돼버린 엄마 마음의 빗장을 쉽게 열 수가 없었다. 마음먹고 시도했던 대화가 늘 진절머리 나게 반복되는 엄마의 레퍼토리로 끝났다.

"미안타, 내가 죄인이지. 살아있는 송장이나 다름없지."

뭐가 그렇게 미안하단 말인가? 달래보기도 하고 눈물 섞인 우격다짐으로 호소도 해보았지만 끊임없이 똑같은 말만 반복하는 엄마였다.

"미안타, 내가 죄인이지, 내가 죄인이야……."

엄마는 점점 더 실어증에 걸린 사람으로 변해가고 있었다.

무엇이 미안하단 말인가? 차라리 너 때문에 이 고생을 하면서 아등바등 살고 있는 게 억울하다고 과격하게 꾸짖어도 보고 푸념을 달고 살았으면 마음이 이다지 불편하지는 않았을 텐데. 엄마는 엄마가 할 수 있는 최선의 임무를 다하고 있었다.

2급 장애 판정을 받을 만큼 극심한 시력장애를 가지고 있는 엄마는 남들이 손쉽게 찾는 식당일도 잘 적응하지 못하여 여러 차례 해고를 당하였다. 그런 엄마가 선택한 일은 집에서 강냉이 죽을 쑤어 병원 병실을 찾아다니며 파는 일이었다. 그나마 밑천이 드는 장사도 아니고 변변한 가게 하나 차리지 않고도 식사시간에 맞춰 병실을 일일이 노크하면 푼돈은 벌 수 있었다. 당시 달동네에 있던 우리 집은 연탄불을 때는 큰 부엌이 따로 달린 집이었다. 엄마는 새벽 3시에 일어나서 연탄불을 갈고 강냉이를 솥에 안쳐 죽을 쑤었다. 버스요금이 아까워 칼바람이 쌩쌩 부는 엄동설한에도 40분 되는 거리를 걸어 종합병원에 도착하곤 했다.

장사를 마치고 집에 돌아오면 앞주머니에 꼬깃꼬깃 넣어둔 천 원, 오백 원 짜리를 행여 틀릴까 여러 차례 세어보며 엄마는 잠시나마 얼어붙었던 얼굴에 생기를 띄었다. 나는 이때 처음으로 엄마의 약간 일그러진 웃는 얼굴을 볼 수 있었다.

하지만 허가 없이 하는 이런 식의 장사는 당연히 병원 측의 제지를 받기 마련이다.

"누가 망을 봐주는 사람이 있으면 수월하게 팔 수 있을 건데……."

병원 측의 제지가 심해지자 엄마는 혼자말로 늘 이렇게 중얼거렸다. 나 들으라고 하는 소리 같기도 했지만 내가 엄마에게 거리감을 느끼고 있듯 엄마 역시 딸의 눈치만 살피고 있었다.

엄마의 고생이 측은하게 느껴져 한 번은 엄마 장사에 따라나섰다. 가는 날이 장날이라고 하필 그날 우리는 병원 경비실 직원에게 걸려서 가지고 갔던 밑천을 전부 빼앗기고 말았다.

앞가림조차 하지 못하고 변변히 자기 의사조차 표현하지 못한 채 늘 마음에 화만 품고 살았던 엄마였는데 그날 나는 난생처음 엄마의 격양된 목소리를 듣게 되었고 다양한 표정 변화를 목격하게 되었다. 내가 알고 있던 사람이 맞나 싶을 정도로…….

"한번만 봐줍쇼. 정말 다시는 안 그러겠습니다."

경비원들의 바짓가랑이를 붙잡고 늘어지면서 애걸복걸하던 엄마는 그래도 소용이 없자 독기를 품은 여인네로 돌변했다.

"느그들도 자식새끼 키우는 부모 아냐? 이거 팔아서 얼마나 번다고 저그들 에미 같은 여편네의 밥줄을 자른단 말이냐! 이런 망할 새끼들……."

마음이 아팠지만 난생 처음 보게 된 엄마의 모습에 어안이 벙벙해지고 어떤 안도감마저 들었다. 억눌리고 짓밟혔던 엄마의 자존심이 폭발하였다는 생각에 속으로만 끙끙 앓으며 곪아 터질 것 같은 상처를 마음 밑바닥에 붙여 두느니 차라리 이렇게 속 시원히 큰소리를 내기라도 하면 얼마나 좋을까 참 많이 생각했었다.

병원에서 막을수록 엄마는 악착같이 장사에 매달렸다. 우울증과 시력 장애를 가지고 있는 엄마가 할 수 있는 일이 그것밖에 없었으니까……. 새벽같이 빙판길을 가로질러 강냉이 죽 장삿길에 나섰던 엄마의 모습을 보면 늘 불안한 생각뿐이었다.

그러던 어느 날, 나의 불안감을 적중이라도 한 듯 엄마는 빙판길에 넘어져 척추압박골절이 와 조금도 움직일 수 없게 되었다. 나는 납덩이를 올려놓은 듯 가슴이 먹먹해졌다. 거미는 새끼를 낳으면 새끼들의 먹이로 자기 몸을 바치고 새끼들은 자기를 세상에 낳아준 어미의 뼈와 살과 피와 골수를 파먹으며 유년기를 완성한다고 하는데 지금의 엄마와 내 모습이 바로 거미의 모습이 아닐까?

"미안타, 내가 죄인이지. 내가 죄인이야……."

아랫목에 자리를 깔고 누워있으면서도 신음 한번 제대로 내지 못하고 엄마는 그저 그런 모습을 하고 있는 자신이 미안한 듯 죄인이라는 말만 또다시 반복하고 있었다.

"엄마는 무슨 그런 말을 자꾸 해서 자식들의 마음을 불편하게 해요?"

아파서 미안하고 죄인이라고 자책하는 엄마에게 고작 한다는 위로가 이런 퉁명스러운 말뿐이었다. 말문을 연 순간부터 후회가 되었지만 나는 항상 그런 식이었다.

버려진 배추 껍데기들을 볼 때마다 이거 시래깃국 만들어 먹으면 좋겠다며 주우려던 엄마는 딸의 눈총에 못 이겨 못내 아쉬워하며 돌아서곤 했다. 몇 푼 아껴보려고 알뜰하게 살림하셨던 엄마에게 늘 다른 사람보기 창피하다고 핀잔을 주었던 못난 딸이었다, 나는……. 생각해보면 그동안 엄마도 엄마였지만 나도 엄마를 향해 마음의 빗장을 닫고 살았었다. 모녀간 도란도란 이야기하는 모습이 엄마나 나에게 있어서는 전혀 낯선 모습이었지만 엄마를 향한 애틋한 사랑은 내 마음 속에도 크게 자리하고 있긴 했다.

몸져누운 지 한 달이 넘도록 목욕 한 번 제대로 못한 엄마를 위해 나는 아궁이에 불을 지피고 목욕물을 끓였다. '힘든데 괜찮다'라면서도 특유의 일그러진 표정을 보이며 못이기는 척 일어나 목욕대야에 앉으시는 엄마의 몸을 나는 처음으로 보았다. 오랫동안 돌봐주는 사람 없이 앓아온 지병은 엄마 몸에서 근육과 지방을 척결이라도 해버린 듯 쿠션 위에 누운 엄마의 알몸은 뼈에 가죽 밖에 남지 않아 보기에 처량했다. 그런데 그 굵었다던 다리는 어디로 갔을까? 남 보기 흉할 정도로 굵었다던 엄마의 다리가 이제 그 뼈말고 가죽 밖에 남지 않은 것을 어찌 무심한 세월이나 무정한 병마 탓이라고만 하랴.

엄마의 등을 힘껏 밀며 나도 몰래 뺨을 타고 흘러내리는 눈물을 주체할 수 없어 엄마를 한껏 끌어안았다. 마음속에 따뜻한 기류가 굽이쳐 흘렀다. 또다시 엄마의 일그러지게 웃는 표정을 보았다. 그것이 엄마로서 딸을 향한 최선의 애정 표현이 아닌가 싶다. 물끄러미 엄마의 얼굴을 바라보며 이제 나도 좀 더 살가운 딸이 되어야겠다 생각해본다.

|우수상| 대학부

불효자의 고백

최순우

오랜만에 방 정리를 하다가 낡은 편지 몇 장을 발견했다.

손때가 묻어 너덜너덜해진 부모님의 편지를 꺼내자니 한숨 소리가 고요한 방 안을 휘젓기 시작했다. 찰나의 순간만 지나도 우리는 그것을 과거라 칭한다. 2년 전의 일은 까마득한 시간의 개념이지만 그 때의 아픔은 아직까지도 아물지 않고 있다.

21살 무더운 여름에 나는 군 입대를 하였고 부모님께서는 날씨만큼이나 뜨거운 눈물을 흘리며 나에 대한 그리움과 걱정으로 하루하루를 보내셨다. 2년 동안만이라도 부모님의 짐을 덜어드리고 싶었기에 내겐 좋은 기회라고 생각했는데 3년을 사귀던 여자 친구와의 갑작스런 이별을 강제로 통보 받고 수긍해야만 하는 현실을 부정도 할 수 없이 미치도록 사랑한 딱 그만큼 실연의 아픔을 느꼈다.

이별이란 단어는 그 무엇도 두렵지 않았던 20대 청춘인 내게 우울증을 가져다주었고 매일을 화장실에서 몰래 울었다. 햇볕이 들지 않던 나의 그늘에 부모님은 뜨거운 온도의 햇볕으로 존재하셨다. 그러나, 아버지의 갑작스런 사업 실패로 집안이 너무 어려워졌고 그동안 내가 믿고 의지해왔던 것들이 힘없이 쓰러져 나갔으며 쓰러지고 쓰러져, 마지막 도미노가 나를 향해 있었다. 나는 삶을 지탱할 힘이 없었고 저항할 의지가 없게 되어 몰래 처방 받은 감기약 2주 분량을 모두 삼켜버렸다.

결국 나도 쓰러져버린 것이다. 하지만 그게 전부였다. 변한 것은 없었고 속만 쓰릴 뿐이었다. 더 이상 내겐 군 생활에 집중할 수 있는 정신력이 남아있지 않았다. 거의 매일 소대원들에게 집단 구타와 가혹행위를 당했다. 모두가 날 괴롭혔고 등한시했다. 우울증은 더욱 심해졌고 처절하게 이성으로 끌어당기던 나 자신과의 줄다리기마저 결국 포기한 채 날카로운 무언가를 들고 아무도 없는 화장실로 향했다.

부모님을 모셔야 하는 입장을 망각한 채 현실도피의 마음으로 찾은 군대였는데……. 군인이 정신적 안락이라고만 생각했던 어리석은 내가 정신을 차려보니 바닥엔 붉은 액체가 선명했다. 소대원 중 한 명이 이런 사실을 알게 되었고 그 다음 날, 부모님께서 결국 부대까지 오셨다. 더욱 심해진 허리디스크 때문에 화장실도 못 가시는 어머니께서 오신 것이다. 아버지의 부축을 받으며 힘겹게 걸어오시는 어머니의 모습을 도저히 볼 자신이 없었다. 아버지 또한 깎지 않은 수염, 쾌쾌해진 피부 빛, 늘어난 뱃살로 예전의 의지 가득 찬 아버지의 모습이 아니었다.

부모님이란 존재는 낯선 곳의 표지판처럼 항상 자식을 인도하고 곁에 있어야 하는 줄 알았다. 당연히 그런 줄로만 알았다. 하지만 그 날 난 예정된 목적지가 아닌 잘못된 길을 가고 있는 자식을 보는 부모의 마음이 얼마나 고통스러운지 느꼈다.

우리 아들이 그런 짓을 한 게 사실이냐며 소대장님에게 되묻던 어머니는 깊은 상처가 나있는 내 손목을 보시고 그 자리에 쓰러지셨다. 한동안 하염없이 눈물만 흘리시던 아버지께서는 나의 손목을 계속해서 쓰다듬어 주실 뿐 아무런 말씀도 하지 않으셨다. 어머니께서는 쓰러질 때의 충격으로 허리를 지탱하지 못한 채 결국 일어나지 못하셨다. 소대장님과 아버지의 부축으로 어머니는 근처 병원에 곧장 입원하셨다. 입원을 하신 어머니께서 내 손을 잡고 말씀하셨다.

"왜 그랬니, 아들아……. 뭐가 그렇게 힘들었어? 왜 엄마한테 말 안 했어?"라며 가늘게 떨리는 목소리로 말씀하시던 그 목소리는 내 마음을 미친 듯이 휘저어 놓았다. 아무런 욕심 없이, 그저 남을 돕고 남을 위해 기도하고 남을 위해 봉사하며 사시던 부모님께 내가 할 수 있는 말은 아무것도 없었다. 선글라스를 쓰고 밤하늘을 쳐다보는 것처럼 미래를 꿈꿀 수는 있었으나 현실이 너무나 막막했다.

그 다음 날, 자살시도를 이유로 영창을 가게 되었다. 군대에서는 용서할 수 없는 불효라고 판단한 것이다. 부정하지 않았다. 나의 손목을 쳐다보시던 부모님의 눈빛을 잊을 수 없었기 때문에 어떠한 벌이든 달게 받고 싶었다. 이등병이었던 나는 창살 안에서 실제 범죄자들과 함께 21일을 갇혀 지냈다.

남들은 도서관에서 책장을 넘기며 열심히 공부할 나이 21살, 땀 흘리며 아르바이트를 하여 등록금을 벌거나 시끄럽게 친구들과 야구 이야기나 하며 술을 마실 나이였다. 평범한 20대 아들의 생활이 내겐 사치가 된 것이다.

영창이란 중징계를 받게 된 사실을 부모님께 전하지 말라고 부탁드렸다. 그러나 매일 들어오는 간식과 사식을 보면, 부모님께선 두꺼운 철문 뒤로 무기력하게 앉아있을 아들의 모습을 상상하며 가슴을 쥐어뜯었으리라. 심판의 기다림으로 무거운 공기가 흐르는 유치장에 갇힌 사람들은 다양했다. 나는 그들 중 가장 큰 죄를 지었다고 생각했다. 매일을 스스로 채찍질하고 자책했지만, 그럴수록 나의 죄책감은 그곳의 공기처럼 더욱 무거워졌다. 까칠하지만 따뜻한 부모님의 두 손이 무엇보다 그리웠던 나는 밖으로 나가면 남들처럼 평범한 20대 아들이 되어 드리겠다고 다짐했다.

유치장을 나와 부대로 복귀했지만 이미 부대에서는 나에게 정신병동 입원이라는 충격적인 결정을 내린 뒤였다. 더 이상 내가 부대에서 정상적인 생활을 할 수 없다고 판단한 것이다. 또한 우울증의 증세가 심하고 정신적 충격이 너무 크다는 이유였다. 부모님께서도 마지못해 불편한 동의를 하셨고 부산의 한 대학 정신병동에 입원하게 되었다. 그곳은 패쇄 병동이었고 외출조차 자유롭지 않았다. 오직 가족만이 면회를 할 수 있었는데 아버지께서는 하루도 빠짐없이 면회를 오시면서 양손 가득 내가 좋아하는 간식거리를 사오셨다. 어머니께서는 거동이 불편하여 주로 집에 계시는 날이 많았다. 병원치료를 권해도 만만치 않은 병원비 때문에 매일 파스 한 장으로 견디고 계셨는데 나는 어마어마한 규모의 대학병원에서 시설 좋은 병동에 입원하고 있었다. 부모님과 나의 입장은 너무나 괴리가 심했다. 두 분은 선택을 포기하는 반면 난 항상 무언가를 선택하며 살아왔다.

면회 오실 때마다 아버지께서는 내가 먹다 남긴 병원 밥으로 끼니를 해결하셨다. 너무나 수치스러웠다. 고통의 응어리는 암세포처럼 커지면서 늘 나만 보면 그 아픔을 숨긴 채 가식적인 웃음을 짓고 계셨다. 부모님이 내게 이만큼의 관심을 가진다는 것이 너무나 부담스러웠다. 그럴 자격이 없었기에 받고 싶지 않았고 구걸하지도 않았지만 그들은 본능처럼 내게 사랑을 희생했다. 시간이 지날수록 나는 일부러 밥을 많이 남기거나 손을 대지 않았다. 대신 간식으로 해결했는데 검은 봉지 안에 담긴 간식은 전혀 달지 않았다. 그리고 눈물 젖은 빵의 맛은 메말랐던 내 마음까지 뜨겁게 적셔 주었다. 그러다 하루는 부모님께서 간식 대신 편지 봉투 한 장을 내게 건네셨다.

사랑하는 아들에게.

봄의 따스한 기운이 아들 방을 가득 메웠구나.

입대를 한 지도 꽤 많은 시간이 지났지만

좋지 않은 기억들이라 마음이 아프다.

하지만, 아들아.

부모님은 너를 한 번도 사랑하지 않은 적이 없다. 또한 미워한 적도 없다. 네가 여자 친구와의 갑작스런 이별과 선임들의 폭행, 가혹행위를 당하면서도 혼자 견뎌주어 너무 대견스럽단다.

시간이 흘러 네가 제대를 하면 느끼겠지만 세상에는 지금보다 더 가혹하고 힘든 현실이 분명 존재한단다. 엄마 아빠도 그런 세월을 이겨냈고 아들이라는 소중한 선물을 얻었어. 요즘 네 방에서 하나님께 기도를 드릴 때면 예전보다 더 간절한 마음을 갖게 된다.

엄마는 성당에서 매일 널 위해 기도하고 우리 가족을 위해 기도한다. 남들보다 어려운 가정환경에서 우리 아들이 지금까지 잘 커줘서 그것만으로도 부모는 너무나 감사하단다.

우리 아들.

지금 마음의 상처를 딛고 어서 집에 와 갈비찜 해먹자.

너 좋아한다고 냉동실에 아직 얼려두었다.

부모는 아들이 어떻든 간에 모두 보듬어 사랑하니 힘내렴.

너의 곁에는 언제나 우리 가족이 있단다.

2010. 4. 20.

널 너무나 사랑하는 아빠와 엄마가.

그날 저녁, 눈물은 소나기처럼 편지 위로 떨어졌다. 이내 잉크가 번져가고 있었다. 그제야 느꼈다. 그 편지는 지금껏 부모님이 흘린 눈물을 대신했나보다. 그리고 나의 마음 깊은 곳에 떨어져 응어리 가득했던 죄책감과 상처, 죄의식을 서서히 번지게 했다. 어금니를 꽉 다물고 소리가 새어나가지 않게 울었다. 지금껏 내가 흘린 눈물의 온도 중 가장 뜨거웠던 그 날 저녁, 난 더 이상 유치장에 머물지 않기로 다짐했다. 남은 치료와 약물을 모두 거부하고 퇴원 수속을 밟았다. 만만치 않은 병원비도 물론이거니와 그곳에서 내가 행할 수 있는 효도란 무척 제한적이었기 때문이었다. 평범한 아들이 되어드리겠다는 소박한 약속을 위해 스스로 세상 밖으로 나와야만 했다.

소속 부대에서는 내게 새로운 환경의 필요성이 절실하다고 보고 다른 부대에서 생활하게 했다. 어머니의 기도 덕분일까 나는 다행히 그곳에서 남은 제대기간을 무사히 보낼 수 있었다.

현재 아버지께서는 사업 실패를 딛고 일어나 작은 세탁소를 운영하고 계신다. 어머니께서는 좋지 않은 몸을 이끌고 여전히 매주 봉사활동을 하러 가신다. 그리고 매일 십자가 앞에서 오직 나를 위해 기도를 드리신다. 나는 제대 후 대학교에 복학하였다. 하지만 정신병이란 것이 약으로나 물리적으로나 완전히 치유할 수 없는 병이기 때문에 아직도 우울증 약을 복용하고 있다. 어쩌면 끔찍했던 그날의 불효를 잊기 위해 내 스스로가 처절하게 발버둥치는 것인지도 모른다.

그때까지는 그랬다. 아버지께서는 시장에서 파는 몇 천 원 짜리 운동화를 신고 다니시면서 내게는 몇 만 원 짜리 브랜드 운동화를 사주시는 것이 당연한 줄 알았다. 어머니께서는 복지관의 장애인들이 먹고 남은 음식을 드셨으면서 내게는 갈비찜을 해주시는 것이 당연한 줄 알았다. 부모님께서는 밖에 나가면 돈 든다고 집에만 계시면서 내 손에 용돈 몇 만원 쥐어주고는 친구들과 놀다 오라고 하시는 것이 당연한 줄 알았다. 부모님께서는 오직 나만을 위해 평생을 사셨으면서 내게는 오직 나의 인생만을 살라고 하시는 것이 당연한 줄 알았다. 그저 그렇게 부모님의 의무라고만 생각했던 것이 지금 아들이라는 나의 존재를 더욱더 비참하게 만들었다. 부모님이기 때문에 언제나 희생하며 아들이기 때문에 언제나 받기만 한다는 것은 너무나 이기적인 생각이다. 그들이 태어날 때부터 부모라는 짐을 안고 있었던 것은 아니니까.

항상 부모님이란 그늘 밑에서 보호 받던 나를 벗어나 이제는 내가 부모님의 그늘이 되어드려야 할 차례이다.

누군가에게 이런 이야기를 한다는 것은 쉽지 않았다. 굳이 내 스스로 그날의 기억을 꺼내고 싶지 않았기 때문이다. 하지만 공모전을 통해 널리널리 나의 이야기가 퍼져 부모님에 대한 나의 진심이 닿길 바란다. 또한 이 글을 읽는 모든 분들이 부모님의 지극한 사랑과 희생을 본받고 항상 감사하며 효도로 되갚아야 함을 말하고 싶다.

이 글을 보시고 계시는 여러분.

여러분의 부모님은 현재 계시는 분들도 있고 이미 소천하신 분들도 계실 것입니다. 지금 옆에 계신다면 당신이 할 수 있는 최대한의 사랑으로 책임을 다하시고 계시지 않는다면 당신의 마음에 영원히 남아있을 부모님의 사랑에 감사할 수 있는 기회가 되었으면 합니다.

사랑하는 저의 부모님.

그리고 사랑하는 대한민국 모든 부모님들께 이 글을 바칩니다.

|우수상|

철없는 눈물

임효진

지금보다 어렸을 땐 이야기를 하기 위해 슬픔을 짜내려고 했었다. 겪은 슬픔이 얼마 되지 않았기 때문이다. 그러나 이제는 그것을 알기에 말하기가 망설여진다. 말하려다 말고 말하려다 그만둔다. 사람은 본능적으로 살기 위해 아픔을 외면하려 한다. 그러나 이제 나는 내가 저지른 '불효'를 직시하고 말하려 한다. 어떤 이는 별 것 아닌 것으로 취급할 수도 있지만 나에겐 내밀한 곳에서 꺼내는 조심스러운 얘기이다.

엄마는 아팠다. 엄마가 아픈 건 내가 고등학교 2학년 때부터였다. 지금 내 나이가 스물 셋이니 6년 동안 엄마는 투병한 셈이다. 엄마는 누구보다 긍정적인 사람이었다. 자신이 아프다는 이유로 남에게 많은 것을 바라지 않는 사람이었다. 엄마는 스스로를 이기려고 노력했고 우리 가족에게 기대지 않으려 했다. 어쩌면 무언가를 기대했음에도 우리가 전혀 몰랐을지도 모르는 일이다. 처음 엄마가 폐암 말기라는 사실을 알고 절망에 빠져 지냈지만 그 사실은 점차 무뎌졌다. 엄마는 항암치료를 받으면서도 머리를 밀 정도로 머리카락이 빠지지 않았고 등산도 다니고 동네 목욕탕도 그대로 다녔다. 엄마는 잘 웃었고 고통을 드러내지 않았다. 의사도 놀랐다. '어떻게 부작용이 이 정도로 없을 수 있지요?' 그래서 나는 무뎌진 것이다. 우리 가족은 곧 각자의 일상으로 돌아갔다.

그러나 투병 6년째로 접어들자 엄마의 몸은 급속도로 악화됐다. 뇌 수막까지 암세포가 자라났다. 의사는 엄마가 3개월 정도 살 것 같다고 했다. 엄마는 차오른 뇌압 때문에 머리가 아파 힘들어하며 하루만 머리가 안 아프고 살아보는 것이 소원이라고 했다. 엄마의 두통을 줄이기 위해 수술을 해야 했다. 의사의 말을 듣고 보호자 침대로 돌아와서 엄마 옆에 누웠다. 엄마에게 티를 내지 않기 위해 눈물을 참고 또 참았다.

수술은 무사히 끝났다. 그리고 엄마의 몸은 점점 무너져갔다. 나는 학교에 당장 1년 휴학계를 냈다. 엄마와 집에서 반년이 넘는 시간 동안 함께 지냈다. 엄마는 방사선 후유증으로 다리를 제대로 쓰지 못하게 되어 옆에서 걷는 걸 도와드려야 했다. 나는 친구들과의 만남을 거의 없애고 대부분의 시간을 엄마와 집에서 보냈다. 처음엔 엄마에게 무엇도 다 해줄 수 있을 것 같았다. 암에 도움이 되는 서적들도 구매했다. 그러나 막상 실천한 것은 몇 되지 않는다. 그동안 너무 엄마에게 받기만 하고 살아왔기에 엄마에게 주는 법을 몰랐다.

집으로 돌아와 한 달에 한 번 외래진료를 다니는 동안 내 마음은 지쳐버렸다. 고작 반 년 넘는 기간 동안에……. 7개월째로 접어들자 우울증에 빠졌다. 며칠을 울었다. 그저 가만히 걸어도 눈물이 뚝뚝 흘렀다. 엄마 앞에서는 절대 울지 않을 거라 다짐했는데 종일 울음이 터져 엄마 앞에서도 그만 눈물을 보이고 말았다. 엄마는 남자친구 때문이냐고 물었고 나는 아니라고 했다. 내 남자친구를 예뻐했는데 안 되겠다고 혼내줘야겠다고 했다. 내가 아니라고 계속 부정하자 엄마는 자신 때문이냐고 물으셨다. 그래서 나는 그런 게 아니고 그냥 눈물이 난다고 했다. '나 때문이네, 그럼.'이라고 말씀하시는 엄마는 내게 얼마나 미안하셨을까. 얼마나 가슴이 아프셨을까.

나는 정말 못나게 울어 젖혔다. 눈물 콧물을 짜내며 울었다. 멀쩡한 사람도 오래 집에만 있으면 마음이 처지듯이 내게도 그런 것이 쌓인 모양이었다. 엄마는 내 옆에서 어쩔 줄 몰라 했다. 달리 내게 어떤 말도 할 수 없었던 엄마는 그저 나를 멀거니 바라보기만 했다.

그렇게 며칠이 지나자 엄마는 갑자기 이상해졌다. 고집이 세지고 헛소리를 자주 하더니 이내 온몸에 힘이 빠져버렸다. 정상적인 사고도 하지 못했다. 병원에서는 뇌까지 암세포들이 전이됐다고 했다. 엄마가 며칠 후 갑자기 그렇게 될 줄 몰랐다. 나는 그때 그저 답답하다고만 여겼다. 그나마 부축으로도 엄마가 걸을 수 있고 생각을 말짱하게 할 수 있었을 때 엄마께 더 잘해드리지 못하고 나에게 부족한 것만 생각하고 우울하게만 느꼈던 그 며칠이, 엄마 앞에서 터뜨린 울음이, 평생 마음의 짐으로 남을 줄 알지 못했다. 엄마가 지탱해오던 정신을 내가 무너뜨려 버린 것이다. 엄마는 늘 멋진 사람이었는데 내가 엄마를 초라하게 만든 것이다.

엄마의 정신을 조금이나마 온전케 하기 위해 방사선 치료를 하고 아예 거동을 하지 못하는 엄마를 돕기 위한 간병인을 고용하고 여러 병원을 전전했다.

마지막으로 간 호스피스 병동에서 엄마는 2개월을 더 사셨다. 3개월을 예상했던 의사의 말과는 달리 엄마는 1년을 살다 가셨다. 호스피스 병동에 입원해 있을 때 엄마는 이렇게 예쁜 딸을 두고 어떻게 가냐고 내게 말했었다. 임종실로 옮기고 죽음을 맞이하는 순간에도 엄마는 차마 눈을 감지 못했다. 쌕쌕거리는 숨을 힘겹게 내쉴 뿐 엄마는 아무 말도 하지 못했다.

엄마는 언젠가 나와 함께 집에서 생활했을 때가 가장 행복한 시간이었다고 그랬었다. 우리 딸이 얼마나 잘했는지 아느냐고 간병인에게 말했다. 자신은 딸에게 호강 받았다고 말이다. 돌아보면 죄스러운 기억밖에 없는데 엄마는 내게 뭐가 그리 고마웠을까. 엄마를 집에서 간병하는 동안, 속으로 엄마를 원망도 많이 했었다. 다른 친구들이 놀러가고 자유롭게 공부하는 것이 마냥 부럽기만 했다. 내게 엄마를 간병하는 것 이외의 모든 가능성의 문이 탁 탁 탁 소리를 내며 닫히는 것만 같았다. 그래서 온전히 간병에 집중하지 못했다. 그때는 엄마가 정말 돌아가실 줄 몰랐다. 이제껏 엄마가 씩씩하게 병과 싸워온 것처럼 그렇게 그저 세월이 흘러갈 줄만 알았다.

엄마는 내가 저지른 죄들을 모두 용서했을까? 엄마의 사랑은 너무도 크니 어쩌면 내게 못해준 것들을 되려 미안해하실지도 모르겠다.

엄마는 아플 때도 엄마 역할을 해냈다. 생이 한번 뿐임을, 그래서 순간에 최선을 다해 살아야 함을 가르쳐주고 가셨다. 한번 뿐인 생을 더욱 소중히 하고 온전히 사랑만 하며 살아야 함을……. 이미 알고 잘했어야 하는 것을 뒤늦게 엄마의 부재로 깨닫는다.

엄마는 가고 없지만 엄마에게 저지른 불효를 사랑으로 되갚으며 살아가리라 다짐해본다.

|우수상|

천년초

조미정

가시뿐이던 선인장에서 꽃이 피어 볼썽사납게 휘어지고 말라비틀어져 화단 구석에 처박혀있었다. 금이 간 토분에서 땅을 기듯 구부정하게 몸을 지탱하고 있더니 수북하게 꽃대를 밀어 올렸다. 얼마나 힘들었을까. 몸뚱이를 자르면 그간의 고단함이 응축되어 걸쭉하게 흘러내린다.

'천년초'라는 선인장이다. 몸통은 납작하고 볼품없어도 달여 마시면 천년 이상 오래 살 뿐만 아니라 천 가지 병을 다스린다 하여 붙여진 이름이다. 천년초는 추워지기 시작하면 몸의 수분을 빼내고 쪼그라들어 땅에 눕는다. 노지에서도 겨울 추위를 우직하게 견뎌내고 꽃을 피워낸 끈기가 은근히 부러웠다. 문득 선인장이 엄마 같다는 생각이 들었다.

지난 밤, 엄마의 엉덩이 위쪽에서도 빨갛게 꽃이 피었다. 오래 똑같은 자세로 누워있다 보니 딱딱하게 튀어나오고 모난 부분이 짓물러 욕창이 생긴 것이다. 병상에서 꼼짝 못해도 화사한 꽃을 피우고 싶었을까. 밤새 얼마나 힘들었던지 엄마 눈엔 허연 눈물자국이 말라있었다.

수년 동안 병상에 누워있는 엄마는 전신불수의 뇌졸중 환자이다.

혼자서는 몸을 움직이기는커녕 언어능력마저 잃어버려 꾹 다문 입술은 신음조차 마음대로 하지 못했다. 식구들이 와도 처음 보는 사람처럼 표정이 없다. 마치 머릿속에 블랙홀이 있어 기억과 표현 능력을 다 빨아버린 듯했다. 캄캄한 어둠 속에서 우두커니 혼자 있을 엄마를 보면 가슴이 터질 것 같았다. 처음엔 자주 병문안 오던 사람들도 점차 발걸음이 뜸해졌다. 그런 가운데서도 희한하게 엄마는 나에 대한 안타까움이 너무 커서였는지 나만은 알아 보셨다. 엄마가 기억의 끈을 놓지 않은 것에 나는 감사했다.

손가락으로 숨골 부위를 꾹꾹 누르며 혼잣말을 하던 모습이 떠오른다. 눈이 내린 것처럼 머리 꼭대기가 시리다고 했다. 그 때마다 나는 안 해도 되는 걱정을 사서 하기 때문이라고 핀잔을 주곤 했다. 메주를 띄우는 사이사이 볏짚을 넣듯 엄마는 한숨을 쉬었다. 강가에 내놓은 아이처럼 내가 제일 걱정이라는 엄마 생각이 가시를 밟은 듯하다. 그 때 엄마는 가슴 속에 멍든 선인장 하나를 키우고 있었을 것이다.

그즈음의 나는 툴툴거리는 일로 엄마 애를 무던히도 태웠었다. 사업실패이라는 이런저런 사연을 겪고 빈털터리로 다시 고향에 돌아와 살기 시작한 지 두 해째였다. 아이들 학비마저 대기 빠듯한 살림살이에 짜증만 하루하루 늘어갔다. 사람들과 담을 쌓고 실의에 빠져있던 나는 마음마저 삐뚤어지고 약해져 밖으로 향하는 마음의 문을 닫아버렸다.

선인장의 몸통에 둥지를 짓고 사는 새처럼 엄마의 그늘에 의지하면서도 고마운 줄 모르던 나는 엄마에게 있어 가시 같았으리라. 눈에 잘 보이지 않아도 천년초에는 수백 개의 솜털 같은 가시가 촘촘하게 박혀 있다. 슬쩍 스치기만 해도 피부가 화끈거리고 얼얼하다. 크고 굵은 가시는 단박에 뺄 수 있어도 잔가시는 건드릴수록 안으로 파고 든다. 나로 인해 엄마의 가슴은 얼마나 많은 가시들이 박혔을까.

모래와 자갈밭에 가는 뿌리를 내리고 악착같이 흙덩이를 움켜쥐고 서있는 엄마를 절대 무너지지 않을 튼튼한 나무라고 나는 생각했었다. 그동안 엄마의 선인장은 안쪽을 향해서 가시가 돋았다. 남의 흉을 보거나 속내를 잘 드러내지 않고 속으로 속상함을 삭일 때마다 길고 뾰족하게 자랐다.

언젠가 오래된 가구를 수리하다가 튀어나온 못을 잘못 밟은 적이 있다. 손가락 한 마디만큼 깊이 박혔음에도 잠시 따끔했을 뿐 참을 만했다. 신경을 피해 굳은살 부분에 박혔기 때문이었다. 그러다 몸을 움직이면 통증으로 눈앞이 아득해졌다. 엄마의 마음도 그러했으리라. 무수히 찔리고도 찔린 부위가 오랜 세월 무뎌지고 단련되어 딱딱해졌던 모양이다. 엄마는 무던하게 견뎌냈다. 그러다 예상치 못한 어느 날 무수한 상처를 한꺼번에 터뜨리며 쓰러진 것이다.

만약 몇 시간의 수술 끝에도 의식이 깨지 못하고 그대로 돌아가셨으면 어땠을까 생각해본다. 나 때문이란 죄책감을 평생 지울 수 없었을 것이다. 마치 속죄라도 하듯 병원으로의 출퇴근이 시작되었다. 빠듯한 살림에 병원비는 다른 형제들의 몫이었지만 그것을 대신이라도 하듯 엄마의 병간호와 재활에 온 정성을 쏟았다. 문 앞에 도착할 때까지 눈물을 달고 가도 엄마 앞에만 가면 저절로 미소가 지어졌다. 엄마가 평소 잘 부르던 옛 노래를 불러주면 '니가 그 노래를 우에 아노?'라고 묻듯 엄마 눈이 커다랗게 떠진다. 그리고 저절로 미소를 떠올리시는 것이다. 그것이 내가 할 수 있는 최대의 효도였다.

시간이 지나 새살이 돋으면 박힌 가시가 저절로 밖으로 밀려나듯 차라리 아픔이 밖으로 넘쳤으면 어땠을까 생각해보곤 한다. 그러면 지금처럼 돌이킬 수 없는 지경이 되기 전에 속으로 병이 들고 있었음을 진작 눈치 채지 않았을까.

사방에 물기를 뿌리듯 앙상해진 엄마의 온 몸을 문지른다. 일을 많이해 평소 거칠었던 손바닥이 아기 손처럼 보들보들해진 감촉이 전해온다.

"어휴, 이젠 가만히 있어도 딸내미가 밥 먹여주고 목욕 시켜주니 좋제?"

농을 건네니 말은 못해도 또 눈 꼬리가 위로 올라간다. 가시를 모두 떼어버리고 다육식물처럼 몸이 민숭민숭해진 엄마가 나를 보고 활짝 웃는 듯하다.

도톰하고 건강한 잎 한 장을 떼어 엄마 가슴에 잎꽂이 해둔다. 노지에서 월동하고 천년초라는 열매를 맺는 선인장처럼 엄마도 엉덩이가 아니라 머리 꼭대기에서 꽃을 피우고 열매를 맺을 수 있게.

|우수상| 고등부

악몽

이진호

1994년, 나의 인생이 시작되었다. 세상 그 누구보다 기뻐하셨을 우리 어머니, 아버지. 그때 어느 누가 내 미래를 알 수 있었을까. 중학교 다닐 때 한때에는 전교 10등대 성적으로 부모님의 기대에 찬 아들이었다. 하지만 사춘기에 접어들면서 부모님께서 하지 말라는 행동만 골라 하며 어머니를 어머니라 부르지 않았고 욕으로 아무 거리낌 없이 부르는 패륜아였다.

부모님 말씀을 어기고 집을 나갔다가 다시 집으로 돌아온 나를 자신이 나은 자식이라는 이유 하나만으로 매번 받아주셨다. 같은 일이 반복되어도 언젠가 변할 것이란 믿음으로 가르치며 참고 기다려주셨다. 어머니는 행여나 밖으로 나간 나에게 또 다른 위험이 따를까만 걱정하셨다.

그렇게 우여곡절 끝에 나는 인문계 고등학교에 진학했다. 중학교 시절의 모습을 버리고 고등학교에서는 다시 공부도 시작하여 새로운 모습을 보여 드리고 싶었다. 하지만 아무 목표도 없고 삶의 의욕도 없던 나는 다시 나락으로 떨어지기 시작했고 공부도 손을 놓아 버린 채 2학기가 되어 공부가 아닌 요리를 배워보고자 학원에 다녔다. 하지만 또다시 의욕을 잃고 더 이상 무엇을 해야 할지 모르는 막막함에 휩싸여 세상이라는 벽 앞에 끝내 무릎을 꿇고 말았다. 그럴 때마다 항상 부모님께서는 나의 손을 잡아주시고 수 차례 삶을 포기하려 했지만 어떻게 해서든 무언가 할 수 있는 일을 찾을 수 있게 도와주셨다.

그런 시작과 포기가 반복되는 삶이 싫증나 또다시 집을 나갔다. 이번엔 정말 혼자 돈 벌어서 살아보겠다고 마음먹고 나갔다. 일주일쯤 지났을까 엄마로부터 문자 한 통이 왔다.

'할머니가 많이 편찮으셔서 효성병원에 입원하셨다. 나가 살더라도 할머니 한 번 뵙고 가라.'

문자를 보고 처음엔 나를 다시 집으로 불러들이려는 거짓말이라 생각했다. 하지만 다시 집으로 돌아가고 싶은 마음이 있었던 내 안의 나는 아버지 퇴근 시간에 맞추어 아버지와 함께 할머니가 계신 병원에 찾아갔다. 평소 늘 유쾌하고 밝은 아버지셨는데 그때 아버지의 표정에는 어떠한 빛도 찾아볼 수 없었다.

병실에 들어갔을 때 나는 할머니를 찾지 못했다. 지난 내 기억 속의 할머니 모습은 찾을 수 없었다. 친구들과 노는데 빠져 오랫동안 할머니를 찾아뵙지 못했기 때문에 할머니가 병들어 마른 가지처럼 앙상하게 말라버린 모습을 그때에서야 처음 보았다.

나는 아버지와 함께 집으로 돌아왔고 어머니는 하시던 일을 잠시 멈추고 할머니가 계신 병원에서 24시간 내내 간호하셨다. 그때까지도 철이 없던 나는 어머니가 안 계시는 틈을 타 마치 알코올 중독자처럼 황폐한 생활을 지속했다.

학교에 다니기 싫었던 나는 부모님께서 오토바이는 절대 안 사주실 거란 걸 알고 오토바이를 사달라는 핑계로 학교에 가지 않았다. 그러다 다시 학교에 다니기로 마음먹은 나는 학교에 갔는데 선생님께서 어머니를 오시라고 하셨다. 나의 잘못 때문에 어머니를 학교에서 부른 일은 처음이었다. 선생님과의 대화가 끝난 후 어머니가 나에게 다가오시며 세상 그 누구보다 따뜻한 목소리로 "아들, 괜찮아. 다음부터 안 그러면 되지."라고 하는 순간 그저 눈물이 났다. 그전까지는 단 한 번도 느끼지 못했던, 아니 느끼려 하지도 않았던 엄마의 사랑을 그저 엄마를 보자마자 하염없이 눈물 흘리며 느끼게 되었다.

그때부터 나는 아주 조금씩 달라지기 시작했던 것 같다. 2개월 정도 지났을까 할머니께서 돌아가셨다. 위암, 대장암, 척추암 세 번의 기나긴 투병생활을 견디지 못하고 하늘나라로 가셨다. 할아버지께서 일찍 돌아가셔서 가진 것 없이 홀로 일만 하시면서도 할머니 댁에 가면 손주들에게 늘 무엇 하나라도 더 주려고 하셨던 할머니의 모습은 이제 기억 속에서만 찾아볼 수 있게 되었다.

하지만 그때는 몰랐다. 아무 생각도 없었다. 아버지께서 내가 태어나기 전에 끊으셨다는 담배를 피우고 계신 모습과 어머니께서 친자식들보다 더 많이 슬퍼하고 우는 모습을 떠올려보면 자식 된 마음이라는 것이 아무리 잘해드려도 돌아가시면 그렇게 눈물짓게 만들 만큼 슬픈 것일까 하는 바보 같은 생각밖에 하지 못한 채 할머니의 사랑을 깨닫지 못했었다.

시간은 흐르고 수없이 학교를 그만두려 할 때마다 어머니의 관심으로 온갖 방황 끝에 1학년 생활이 끝났고 그 뒤로 아무 탈 없이 지내는가 했는데 일이 터졌다. 2학년이 시작되어 선생님 말씀을 어겨 교무실로 불려가서 야단을 맞고 있는데 갑자기 압박만 하는 학교생활과 사회 현실이 내 딴에는 답답하게 느껴져서 "이런 학교가 뭐 대수냐!"하고 소리 지르며 학교를 나왔다.

1학년 때와는 달리 돌이킬 수 없을 것 같은 마음에 학교를 그만두고 검정고시를 보려고 생각하고 있는데 나를 포기하지 않으시고 계시던 어머니께서 또다시 나를 달래며 '고등학교만 졸업하자'고 말씀하셨다. 나도 그 당시의 선택이 어쩌면 마지막이 될지도 모른다는 생각에 한 번 더 생각했고 다시 학교로 돌아가는 선택에서도 후회하지 않기 위해 조용히 학교를 졸업하기로 마음을 다시 먹었다.

그렇게 2개월 정도 지난 어느 날, 체육대회가 끝나고 친구들끼리 모여 술을 먹었다. 평소에 늦게 들어오던 때가 많았지만 그날은 어머니께서 특히 나가기 전부터 몇 시까지 들어올 거냐 물으셔서 12시까지는 꼭 돌아오겠다고 약속을 하고 나갔다. 그날은 어머니와의 약속을 꼭 지키려는 생각으로 시계를 꼬박꼬박 보며 놀았다. 체육대회가 끝나기도 했지만 두 친구의 생일파티가 있었으나 엄마와 약속한 12시가 다 되자 집으로 가려고 일어났다. 그런데 그중의 한 명 정말 친한 친구가 술을 많이 먹은 탓인지 울고 있었다. 왜 우느냐고 묻자 "왜 하필 많은 사람 중에 내가 당뇨병 같은 병에 걸려야 하느냐?"면서 서럽게 눈물을 흘렸다. 그 모습을 본 나는 차마 바로 집으로 돌아갈 수 없었다.

그렇게 그날, 집에 일찍 돌아오겠단 엄마와의 약속은 지키지 못한 채 거의 1년이 다 되어서야 집으로 돌아올 수 있었다. 그날 너무 많은 술을 먹고 충동적인 감정을 절제하지 못해 법을 어기는 사고를 치게 되었고 경찰서에 단 한 번도 가보지 않았지만 그날의 잘못이 너무도 커 바로 구속되었다. 유치장에서 단무지와 김치를 반찬으로 주었는데 아무런 맛이 안 나는 음식이었지만 배고픔에 밥알 한 톨도 남기지 않고 먹었다. 그때마다 엄마 생각이 났다. 매일 고기반찬 해달라고 욕하고 소리쳤던 나 자신이 너무도 원망스러웠다.

그후에 구치소로 이송되었는데 너무도 무서웠다. 온몸에 문신한 조폭부터 시작해서 온갖 흉악한 어른들이 우글거려 도저히 잠자기도 어려웠다. 집으로 돌아가고 싶었지만 그럴 수 없는 현실이 꿈속의 세상 같았다. 매일 아침잠에서 깨면 '내가 왜 여기 있지?' 생각했다.

그랬다. 내 잘못이 만든 현실이었지만 처음 부모님과 떨어져 있는 감옥생활이 잘 감당되지 않았다. 하루빨리 악몽에서 깨어나길 기도할 뿐이었다. 그렇게 그 안에서 정신적 스트레스로 죽고만 싶은 날이 하루하루 지나갔고 토요일이 되어 부모님께서 면회를 오셨고, 문을 열고 면회실에 들어섰을 때 유리벽 너머에 계신 부모님을 보자마자 눈물을 쏟아냈다. 수번을 달고 죄수복을 입은 나의 모습을 부모님께 보여 드리는 것 자체가 불효인 것 같아 난 죽고만 싶었다. 부모님을 눈앞에 두고도 손 한 번 잡을 수 없고 어머니의 눈물조차 닦아드릴 수 없는 상황에 난 죽을 것만 같았다. 이제까지 철없이 방황만 하고 부모님 속을 썩여 왔던 내 모습이 서러워 흐르는 눈물을 참을 수 없었다. 그렇게 10분이란 시간 동안 부모님은 그저 내 걱정에 "밥은 잘 먹고 있느냐, 잠자는 건 괜찮니, 힘들어도 조금만 참아라. 밖에서 엄마 아빠도 합의 보려고 노력 중이니……."라며 자식 걱정만 하신다. 이렇게 몇 마디 말씀하시니 10분이 어느새 지나버렸다. 엄마와 나는 그저 울고 있었고 옆에 계시던 아버지의 표정은 담담하셨지만 눈가엔 이미 눈물이 흐르고 있었다. 1분만 더, 아니 30초라도 더 볼 수 있으면 좋겠는데 죄를 지은 나는 그렇게 다시 헤어져야만 했다. 그때부터 부모님의 소중함을 깨달았다.

부모님께서는 토요일마다 찾아와주셨고, 부모님 앞에서 내가 울면 더 힘들어하실 거란 생각에 참으려고 노력했다. 그래도 부모님과 작별인사를 하고 돌아선 후까지 눈물을 감출 순 없었다. 부모라는 죄 때문에 나 같은 못난 자식 하나 때문에 매일 눈물로 밤을 지새우셨을 모습에, 그리고 어떻게 해서든 합의를 해보고자 피해자 부모에게 찾아가 문 열어주실 때까지 무릎 꿇고 계셨을 모습에, 나는 죽을 것만 같았지만 그렇게 나를 위해 희생하신 부모님을 위해서라도 나가서 죽을힘을 다해 살고자 하는 마음으로 몇 개월을 버텼고 합의가 되어 재판에서 소년부 송치가 되어 보호 감호소에서 한 달간 있었는데 그곳의 면회는 직접 부모님을 볼 수 있어서 그 당시엔 그것만으로도 아주 기뻤다.

석 달 만에 부모님 손을 잡아보고 부모님을 안고 가만히 서 있었다. 부모님은 그런 존재였나 보다. 언제나 나를 안아주실 수 있는, 그것만으로 잠시라도 나를 안심시키고 걱정을 덜어주실 수 있는 그런 존재.

부모님과 내가 애타게 기다리던 재판 날이 되었다. 그전까지의 판례들을 보면 나갈 확률이 높아서 나갈 줄 알고 기다려만 왔는데 6개월을 다시 소년원에서 보내게 되었다. 처음엔 또다시 하늘이 무너지는 것처럼 막막했다. 그래도 이젠 정말 6개월 후엔 부모님을 맘껏 볼 수 있다는 생각으로 마음을 다시 단단히 먹었다. 아버지는 2시간이 더 걸리는 먼 곳까지 매주 책을 사가지고 찾아오셔서 앞으로 나가서 어떻게 생활해 나갈지 고민을 들어주셨다. 그때부터 표현을 겉으론 하지 않으셔서 예전엔 모르고 지냈던 아버지의 사랑을 책을 통해 느꼈다. 태어나서 스스로 책 한 권 읽어보지도 않았는데 아버지가 사다주신 책을 통해서 세상을 다시 보게 되었고, 다시 시작하면 된다는 희망을 품게 되었다. 그렇게 먼 길 찾아오시며 내 미래를 걱정해주시고 얘기 들어주시던 부모님께 하루도 빠짐없이 편지를 보냈다. 매일 마음을 담아 쓴 편지 덕분인지 글쓰기를 좋아하게 되었다. 그렇게 부모님은 내게 다시 일어설 힘을 주셨다.

잠에서 깨면 꿈에서 깨어나지만 깨어나지 않을 것만 같던 끔찍한 악몽에서 깨어났다. 나는 이런데 부모님은 어떠셨을까? 봄, 여름, 가을, 겨울이 지나고 어느새 또다시 봄이 되어가고 있었다. 그곳에선 햇빛이 쨍쨍해도 어둡게만 느껴지던 하늘도 밖에서 보니 푸르게 보이기 시작했다.

집으로 돌아온 첫날밤, 부모님과 함께 잠자리에 들었다. 잠이 오지 않아 옆에서 주무시는 부모님을 가만히 지켜보았다. 1년이란 시간 동안 집도, 바깥세상도 그렇게 많이 변하진 않았는데 부모님은 너무도 늙고 지친 모습으로 달라져 있었다. 갇혀있던 것은 나인데, 부모님은 보이지 않게 마음의 감옥에 갇혀 사셨다. 집 앞이 내가 다니던 학교라서 다른 친구들이 교복 입고 학교 가는 모습을 보시고 얼마나 마음 아프셨을까, 얼마나 힘이 드셨을까.

난 소리 없이 울부짖었다. 어머니, 아버지 건강 상태가 나빠지셨다는 것을 시간이 지난 뒤에야 알게 되었다. 옛날에 나를 혼내실 때처럼 기운 있는 모습도 찾아볼 수 없었다. 부모님은 나를 새 사람으로 다시 한 번 태어나게 해주셨다. 유리벽 때문에 바로 앞에서조차 부모님의 눈물을 닦아 드릴 수밖에 없었던 그 기억이 떠오를 때면 마음속에 눈물이 고인다. 열심히 노력하여 보답하리라. 마음속 깊이 굳게 다짐하며 눈물을 삼키면서 힘들고 일이 뜻대로 잘 풀리지 않더라도 다시 일어서서 노력하리라. 아무리 잘해드려도 부족한 것 같은 분이 부모님인데 몇 년간 끊이지 않는 악몽을 꾸게 한 나는 부모님께 평생의 죄인이다.

|우수상| 대학부

심청이는 죽었다

-효의 현대적 의미 회복을 위한 고찰

김성준

전형적인 것. 우리는 어떤 개념이나 상황을 가장 잘 설명하는 단어를 일컬어 '전형적이다'라고 표현한다. 과거부터 '효'라는 중요한 개념을 드러내는 전형적인 인물들이 많았다. 실제 역사 속 인물이기도 했고 자기 친구들 중에도 있었으며 이야기나 설화 속에서도 존재해왔다. 이 '효자'들은 그들의 이야기를 듣는 사람들에게 교훈을 주고 따라서 그들이 부모님과 좋은 관계를 맺는데 영향을 미쳐왔다.

전형적인 것의 힘은 우리가 생각하는 것보다 더 강력하다. 전형적인 것은 그 표현이 가리키는 속성, 바로 그 이유 때문에 전혀 거북함을 주지 않으면서 우리들의 생각과 관념에 그 전형을 투영시킨다. 전형적인 것은 참신한 것에 비해 신선함은 부족하지만 오래 발효된 우직함으로 사람들의 머릿속에 앉아 있다.

위에 열거한 전형적인 인물들이 나오는 이야기 중에서 가장 일찍 접하는 것은 '동화'이다. 그 중에서도 가장 유명한 효자, 효녀 이야기는 단연코 '심청전'일 것이다. 심청전을 모르는 사람은 없다. 그녀는 효녀의 전형으로 지금 '효'가 필요한 사람들, 그러니까 모든 사람들에게 영향을 미쳐왔다. 심청전은 눈이 먼 홀아버지의 눈을 뜨게 해드리기 위해서 공양미 300석이 필요했고 그러기 위해서는 상선의 제물로 팔려가 인당수에 자신의 몸을 내던져야 했다. 그것이 어쩔 수 없는 일이었거나 나중에 물에 빠졌지만 용궁의 긴급구조로 바다의 공주가 될 줄 알았다면 아마 심청이는 최고의 효녀가 되지 못했을 것이다. 불확실한 상황에서도 효를 최우선으로 생각하는 심청이의 심성이 바로 참된 효가 지향해야 할, 그리고 자라나는 아이들에게 효의 관념을 각인한다. 심청이의 효를 한 단어로 요약한다면 완전한 희생일 것이다. 심청전은 분명 효의 중요한 점을 잘 드러내주는 이야기이다. 그러나 지금부터 전하려는 얘기는 이제 심청이가 죽었다는 사실이다.

문학에는 '사은유', 즉 죽은 비유라는 말이 있다. 예를 들어 '내 마음은 호수요'라는 표현에서 호수는 마음을 드러내는 시어 중에서 가장 전형적인 단어이다. 호수는 여전히 마음의 여러 가지 특성 중에 어떤 점을 잘 표현한다. 그러나 호수는 너무 오래 쓰였고, 마음은 그 호수적인 측면 외에도 정말 많은 상태를 포함한다. 따라서 '내 마음은 호수요'라고 연애편지를 쓴다면 그녀가 사은유의 개념을 익히는 데는 성공할지 몰라도 그 연애편지가 대답 없이 버려지는 것을 막지는 못할 것이다.

심청이라는 오래된 효의 전형은 지금 사은유가 되었다. 그것은 무조건적인 희생이 현대인들의 공감을 얻어내지 못하기 때문이다. 물론 이야기라서 좀 더 극화된 점이 없지 않지만 심청전 이야기가 효에 대해서 전달하고 있는 것은 효를 최우선 가치로 놓으라는 것이다. 이것이 유교문화권이었던 조선시대라면 사람들의 공감을 얻고 실천할 수 있겠지만 부모와 자식 모두 개인주의가 강해진 현대의 가치관에서 이 무조건적인 희생은 일종의 강요로 받아들여지고 있다. 사람이 패륜을 저지르는 것은 어느 시대, 어느 나라에서나 큰 죄이지만 개인주의가 팽배한 시대에 우연히 태어나 그 가치관을 가지고 살며 전통적인 효의 덕목에 공감하지 못하는 것은 사람들 자신의 죄가 아니다. 그들로서는 어쩔 수 없는 토대인 것이다. 그럼에도 효가 시공간을 초월해 지켜야 할 가치라는 점에 이의를 제기하는 사람이 없다면, 그러한 개인주의의 토대 위에서 현대에 걸맞는 효의 방향을 제시하고 새로운 전형을 그리는 일이 중요해질 것이다. 그것은 가뜩이나 패륜이 늘어나는 현재 사회에 대안 없는 헐뜯기만 시도하는 것보다 의미 있는 작업이 될 것이다.

심청이는 정말 위대하다. 그러나 단지 위대하기만 한 것은 더 이상 위기에 빠진 효를 구해내어 확산시키는 효의 전형이 될 수 없다. 효는 이제 위대한 것에서 '자연스러운' 것까지 한걸음 내려와야 한다. 그렇다면 '자연스러운 효'는 무엇이고 그 전형은 어디에서 찾을 수 있을까?

그 해답을 정조임금의 '사중지공'에서 찾고자 한다. 사중지공이란 사적인, 개인적인 일 중에 공적인 일이 함께 있다는 것이다. 정조는 이 사중지공을 말하면서 '사심과 공심을 엄격히 구분할 수 없다. 비록 개인적 동기에서 출발하였더라도 그것이 공적으로 발현된다면 괜찮은 것'이라고 표현하였다. 정조임금은 영조의 손자이고 사도세자의 아들이다. 조선시대에서 가장 평화롭고 백성들의 살림살이가 괜찮았던 시절 중 하나로 '영 · 정조시대'를 꼽는 것을 보면 두 임금이 얼마나 좋은 정치를 하였는지 알 수 있는 부분이다. 그러나 위에 열거한 세 명 중 영 · 정조를 제외하고 남는 사람이 있으니 영조의 아들이자 정조의 아버지인 사도세자이다. 사도세자의 죽음에 관해서는 노론과 소론 당쟁싸움의 희생양이었다는 당쟁희생설과 어릴 적 세자라는 압박이 가져온 스트레스로 인한 정신 상태의 불안이 죽음을 초래했다는 두 가지 설이 있다. 어느 쪽이 진실이라 하더라도 직 · 간접적으로 사도세자가 좋은 아버지, 좋은 아들로서 살았다고 보기는 어려울 것이다. 어쨌든 여기서 중요한 것은 영조는 자신의 아버지가 '억울한 누명을 쓰고 죽었다.'라고 받아들였다는 사실이다. 정조의 아버지인 사도세자가 죄인으로 죽었기 때문에 생부의 명예를 회복시키는 일은 자신의 정치적 정당성을 위해서도 중요했다. 그가 자신의 왕권을 강화하려는 마음이 사심이며 아버지의 명예를 회복하는 일이 효를 강조하는 유교적 국가에서 공적인 일일 수도 있고, 아버지를 그리워하는 마음이 사적인 욕심이고 태평성국을 이루는 것이 국가적으로 공적인 일일 수도 있다. 어느 쪽이 진실인지는 정조 자신만이 알았겠으나 여기서 눈여겨볼 점은 그 두 가지가 양자택일적인 성격을 갖지 않았다는 점이다. 정조는 아버지의 묘소를 옮기는 과정에서 수원화성에 신도시를 건설하여 자신의 왕권을 강화하면서 동시에 아버지에 대한 효도 지켜냈다. 또한 정조는 사도세자가 재판 중 억울하게 죽었다고 생각하여 백성들이 억울함을 받지 않도록 갖은 노력을 다하였다. 그 일환으로 '무원록'을 반포하고 객관적인 재판을 위해 힘쓴 것이다.

이처럼 정조의 사중지공은 사적인 욕심을 행하는 것이 공적인 일에도 필연적으로 가 닿도록 한다. 만약 정조가 심청전에 심취해 있었다면 자기 아버지를 그리워하며 매일 슬퍼하다가 따라서 죽었을지도 모를 일이다. 과연 그것이 사적으로, 그리고 공적으로 바람직한 모습인가? 그렇지 않을 것이다.

현대의 효가 새로이 가져야 할 전형은 '사중지공'의 지혜이다. 부모와 자식들은 자신들이 모든 것을 희생해야만 제대로 된 효자나 효녀가 될 수 있다는 무언의 압박감에서 벗어나야 한다. 오히려 무조건적인 희생을 포기할 때 부모와 자식은 서로에 대해 작지만 소중한 경험들을 공유하기 시작할 것이다. 효는 위대함에서 내려와 자연스러워야 한다고 했지만 사실 효가 위대함으로 치장하기 훨씬 전부터 이미 자연스러웠다. 효의 격식이나 행위는 후천적인 노력이지만 효에 대한 마음은 누구나 선천적으로 가지고 있다. 처음 태어나 이름도 없는 아이는 아무 것도 모를 것 같지만 자신을 낳아준 어머니와 아버지를 귀신 같이 알아보고 따른다. 나를 이 세상에 있게 해준 사람에 대한 고마움은 너무나 자연스러운 인간의 본성이고 효의 출발이다. 우리가 어릴 적 학습한 '위대한 효녀'는 그저 큰 괴리를 느끼게 하여 자라나는 효의 씨앗을 억누르고 있다. 현대의 효는 자연스러움을 일깨워주는 것에서 출발해야 할 것이다. 또한 사적인 자아의 욕구를 실현하는 과정과 부모님에 대한 감사를 전하는 효를 행하는 일이 절대 배치되는 일이 아님을 일깨워야 한다. 우리 자신은 가족의 일부이고 가족은 우리가 없이는 존재하지 않기 때문이다. 자아실현은 효로 이어지고 효가 곧 자아실현의 한 단계일 것이다. 효는 가족으로, 가족은 사회로, 사회는 세계로 이어진다. 사에서 출발하여 공에 가 닿는 정조의 교훈은 왜 영 · 정조 시대가 평천하에 이르렀는지 알 수 있게 한다. '수신제가 치국평천하'는 효의 확산, 이해와 공감의 확산을 의미하기도 한다.

시인 김삼열의 시에는 위와 같은 효의 자연스러움으로의 회복과 그 선순환적 확산 가능성을 표현하는 구절이 있다.

살아있음에 대한 감사와
산과 바다, 자연과 함께할 수 있음에 대한 감사
아름다운 사람들과 함께할 수 있는 감사
어머니와 함께할 수 있는 감사
마음은 아프지만 그저 감사한 일 뿐이다.
감사하고 또 감사한 밤이다.

– 김삼열 『감사한 밤』 중에서

이 시에서 삶은 괴롭지만 감사함으로 시작하고 끝난다. 그 과정에서 어머니에 대한 감사는 아름다운 사람들에 대한 감사로, 그리고 산과 바다, 자연이라는 세계에 대한 감사로 확대되고 있다. 이처럼 효는 감사함에 근거한 포용력의 확대이다. 포용력의 확대가 그 사람 인격의 깊이를 더 깊게 하는 것임을 알 때 효는 공간적 확산을 이루면서도 그 깊이를 동시에 깊게 할 수 있는 아름다움의 전형일 것이다.

|가작|

겁 많은 아빠와 거북이 딸

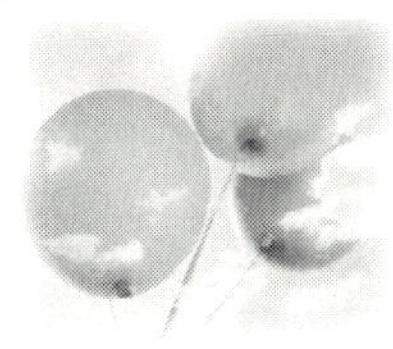

허양윤

나는 국어국문학을 전공했고 학교에서 아이들에게 국어를 가르쳤으며 한때는 방송국 기자로 활동했던 적이 있는, 그러니까 다른 사람들보다 언어에 있어서는 절대 뒤지지 않는 학식을 가진 사람이라 할 수 있다. 하지만 이런 나에게 정말 어려운 단어 하나가 있다. 아무리 입을 오므렸다 펴 봐도, 안면근육을 천천히 아주 천천히 움직이며 공들여 소리 내려 해봐도 쉽게 터져 나오지 못하는 단어, 그것은 바로 '아빠'다.

보통의 아기는 태어나 6개월이 넘어가면 엄마, 아빠, 맘마 등 발음하기 쉬운 단어들을 곧잘 흉내 내며 발음한다고 한다. 의미를 알든 모르든 아기들도 그저 입으로 툭툭 뱉어내는 단어들이니 큰 무리가 없다면 사람들은 이 단어를 소리 낼 수 있다. 하지만 나는, 서른 살이 넘도록 이 단어만큼은 입 밖으로 잘 끌어내지 못하고 있다. 이유를 찾으려 머리 싸매고 고민도 해보았고 말해보려 노력도 해보았지만 모두 허사였다. 어쩌면, 어쩌면 나에게 눈에 보이지 않는 장애가 있는 것은 아닐까?

우리 엄마는 뱃사람과 결혼을 했다.

뱃사람, 이 세 글자만 보아도 우리 엄마의 인생이 얼마나 쓸쓸했을지 짐작이 간다. 일 년 중 열한 달을 꼬박 바다 위에서 둥둥 떠다니다 나머지 한 달을 집으로 돌아와 가족과 시간을 보내는 사람, 직업 탓에 친한 친구도 하나 없는 사람, 자신의 인생에 가족밖에 없다고 머리에 각인이 된 사람, 그렇지만 열한 달 꼬박 떨어져 있다 겨우 한 달 만나는 가족이기에 우리에게 어색함과 거리감을 느끼는 사람. 우리 엄마는 그런 사람과 결혼을 했고 나를 낳았다. 그리고 내가 태어난 그 날에도 그 사람은 바다 위에 있었다.

나는 외할머니 댁에서 외사촌들과 함께 자랐다. 가난이 이유는 아니었다. 그저 엄마가 남편 없이 홀로 나를 키운다는 것이 버거웠을 것이다. 죽도록 사랑해서 결혼한 사람도 아니었고 그렇다고 곁에 남편이 함께 있는 것도 아니니 돈을 번다는 구실로 나를 외할머니 댁에 맡긴다고 한들 엄마를 손가락질 할 사람은 아무도 없었다. 엄마는 외할머니 댁과 도보로 20여 분 남짓한 곳에 집을 구해 살았다. 그리고 나는 일주일에 한 번, 일요일마다 그 집에서 잠을 자고 다시 외할머니 댁으로 돌아왔다. 일요일도 엄마와 함께 있는 것이 아니라 늘 혼자 그 집을 지키고 있을 뿐이었다. 지금 생각해도 내가 왜 그렇게 살아야만 했는지 이해할 수 없다. 그저 내가 짐처럼 느껴질 뿐이다. 그래, 이사 갈 때 슬그머니 놓고 가버리고 싶은 짐.

그렇다고 엄마가 날 사랑하지 않은 것은 아니다. 사랑했을 것이다. 내가 외할머니 댁에서 어떤 대접을 받으며 살아가는지는 알고 싶어하지 않으셨지만 내가 입고 다니는 옷이며 신발, 가방은 언제나 제일 비싸고 좋은 것들로 철마다 사다 나르셨으니 말이다. 내가 고등학교를 졸업할 때까지도 내 주위 사람들은 내가 무지 잘 사는 부잣집 딸이라 생각했을 것이다. 중학교 때 엄마가 하시던 사업이 부도가 나서 급식조차 먹을 수 없을 만큼 가난했음에도 말이다.

나는 이런 이유로 가족이라는 것에 염증을 느꼈다.

일 년 중 열한 달을 떨어져 살았으면서 얼굴 한 번 마주치지 않고 각자가 묵묵히 밥을 먹었으면서 나머지 한 달 동안 목구멍으로 잘 넘어가지도 않는 밥을 한 밥상에 둘러앉아 꾸역꾸역 먹어야만 하는 그 고문, 다시 들어오고 싶지도 않은 집이지만 '다녀오겠습니다'라고 인사하고 나가야만 하는 등교 시간, 어쩌다 길에서 마주치면 나도 모르게 이웃집 아저씨, 아줌마 대하듯 '안녕하세요'하며 고개를 숙이며 인사하게 되는 어색함. 나에게 가족은 단어만으로도 갑갑증을 느끼게 하는 그런 존재였다.

하지만 이것은 그 누구의 잘못이라 탓할 수 없는 부분이라 생각한다. 뱃사람인 그는 가족을 먹여 살리겠다는 일념으로 자신의 목숨을 내걸고 거친 바다 위에서 잠을 청한다. 엄마는 자신의 살이 찢어지는 고통을 감수하면서까지 나를 낳았고 이만큼 나를 키워내셨다. 나는 외할머니 손에 키워지면서 가족이라는 단어를 왜곡하게 되었을 뿐이며 부모로서 그와 엄마를 인정하지 않는 것이 아니며 그저 어색해하고 있을 뿐이다. 그래, 이것이 전부다. 하지만 이대로 있을 수만은 없는 일이다. 누구의 잘못도 아니지만 우리 가족의 모습은 잘못돼 있다. 지금이라도 바로 잡아야 하지 않을까?

10년 전, 가난한 집안 사정을 무시하면서까지 대학에 입학할 수 없었던 내가 들어가고 싶었던 대학과 학과는 포기하고 4년 전액 장학금을 준다는 대학을 선택해야만 했다. 그리고 나는 아르바이트를 시작했다. 과외는 기본이며 빵가게 점원, 식당 서빙까지 닥치는 대로 일을 했다. 그리고 학교에서는 수업만 챙겨 듣고 남는 시간들은 도서관에 들어박혀 공부만 했다. 비록 내가 하고 싶었던 공부는 아니었지만 그 속에서 포기하고 앉아있을 수만은 없는 일이었다. 나는 성적우수자에게 주는 교사 자격증을 취득해서 어떻게든 교사가 돼보려 노력했다. 다른 사람들보다 저만치 돌아가는 방법이지만 어쨌든 내가 처한 상황에서는 그것이 최선이었기에 나는 시간을 쪼개 공부와 일을 병행했다. 그런데 그 때, 나에게 또다시 가족이란 것이 덫을 놓았다.

그가 죽을 고비를 넘겼다는 전화를 도서관에서 받게 된 것이다. 바다 위에 떠있던 그는 그날도 어김없이 바다 위에서 잠을 청했다고 한다. 그런데 그가 눈을 감은지 10여 분이 채 되지 않아 심장이 멎었다고 한다. 그때 다행히 기계 고장으로 그를 찾으러 동료 하나가 들어왔고 심장이 멎고 입술이 새파랗게 변하고 있는 그를 발견해 급히 병원으로 옮겨 천만다행으로 살아났다고 한다. 늦은 시간, 사람들이 모두 집으로 돌아가고 한두 명 남은 도서관에서 나는 그 전화를 끊고 큰소리로 울었다. 남아있던 사람들마저 나를 정신이상자 보듯 흘깃거리며 터져버릴 듯한 내 울음소리에서 위험을 감지한 듯 부리나케 짐을 싸서 자리를 떠났다. 나는 왜 내가 울고 있는지도 모른 채 그리고 무엇을 해야 하는지도 알지 못한 채 그렇게 한참을 울었다. '살았으니 다행이다. 그래, 살았으니 다행이다.' 이 말만을 입 밖으로 겨우 내뱉으며 나는 울음을 그치려 몸을 일으켰다.

다음 날 나는 은행에서 그 동안 일해서 모은 돈을 모두 찾아 흰 봉투에 넣었다. 그리고 그가 누워있다는 병원으로 가기 위해 고속버스에 몸을 실었다. 아르바이트와 공부를 병행하느라 대학생이라면 으레 가는 MT 한 번 가본 적 없는 나였기에 부산을 떠나 타지방으로 가는 것은 난생 처음 있는 일이었다. 고속버스 안에서 과외 일정을 조정하는 전화를 하고 엄마에게 전화를 걸었다. 지금 그 사람이 입원해 있는 병원으로 가는 길이라고, 얼굴이라도 보고 와야 마음이 놓일 것 같다고 나는 담담하게 말했다. 엄마는 이미 어젯밤 총알택시를 잡아타고 병원에 가 있었다. 엄마는 그러지 않아도 된다고, 바쁜 일 있으면 오지 말라고 마음에도 없는 말을 했다. 나는 화가 났다. 엄마에게 화가 난 것이 아니었다. 지금까지 단 한 번도 가족이란 것에 애착을 가져보지도 않은 주제에 무슨 착각을 하고서 그 먼 길을 가려고 했나, 내가 간다고 해서 반겨 줄 사람이 있는 것도 아닌데 묻지도 않고 그곳에 가려고 한 바보 같은 나 자신에 화가 났다. 나는 전화기에다 '내가 미쳤었나 보다, 과외가 있는 것도 깜빡하고 거길 가려고 했다, 그럼 나는 안 갈 테니 간호 잘 하고 돌아와라.' 이렇게 뚝뚝 끊어지는 듯한 음절들을 무의미하게 뱉어내고는 다음 휴게소에서 내려 휴지통에 전화기를 던져버렸다. 한참을 멍하니 하늘만 올려다 보다 정신을 차리고 물어물어 부산으로 돌아오는 차를 타고 과외를 하러 갔다. 사나흘이 흘렀을까, 그와 엄마는 집으로 왔고 나는 아무 표정 없이 고개를 끄덕이고는 내 방으로 들어갔다. 완전한 벽이 생겨버린 것이다. 이젠 가족도 아닌 남으로 전락해 버렸다.

다음 날도 나는 어김없이 눈을 뜨자마자 씻고 가방을 꾸려 집을 나서려 했다. 운동화를 신으려는데 핼쑥해진 얼굴로 그가 내 팔을 잡았다. 그리고는 내 손에 하얀 종이 하나를 쥐어줬다. 나는 여전히 무표정한 얼굴로 고개를 끄덕하고 집을 나섰다. 모퉁이를 돌았다. 집이 보이지 않았다. 나는 그제야 꽉 쥐고 있던 손에서 힘을 풀었다. 그리고 종이를 보았다. 2만 원이 종이에 싸여있었다. 2만 원을 보자 오늘 점심은 학생식당에서 먹지 않아도 되겠다는 안도감이 들었다. 2만 원을 주머니에 집어넣고 나니 반듯한 글자들이 눈에 들어왔다.

'날 보러 오려고 했다면서? 고맙다, 딸아.'

나는 다리에 힘이 풀려 버스정류장에서 쓰러졌고 버스를 기다리던 한 아저씨의 등에 업혀 근처 병원으로 옮겨졌다.

눈을 떴다. 그와 엄마가 양쪽에서 내 손을 잡고 있었다. 다시 눈을 감았다. 5분쯤 흘렀을까, 나는 조심스레 눈을 떴다. 여전히 그들이 내 곁에 있었다. 나는 엄마를 불렀다. 엄마는 내가 과로로 쓰러진 거라며 한 며칠 푹 쉬어야 한다고 했다. 그러면서 왜 이렇게 미련을 떠느냐며 울음 반 호통 반 야단을 치셨다. 나는 고개를 돌려 그를 바라보았다. 핼쑥한 얼굴은 그대로였지만 아침에 봤던 쑥스러운 듯한 얼굴이 아닌 근심어린 얼굴을 하고 있었다. 나는 엄마에게 가방을 갖다 달라고 했다. 엄마가 갖다 주신 가방에서 흰 봉투를 꺼냈다. 그리고 그에게 내밀며 말했다.

"이거 아빠 딸이 죽도록 고생해서 번 돈이야. 이걸로 아픈 곳 다 고치고 건강해져라."

그는 고개를 떨구고 한참을 울었다. 엄마는 슬그머니 병실을 나갔다. 나는 다시 단잠에 빠졌다.

이틀 정도 더 병원에 있다가 퇴원을 했다. 엄마는 가게 일로 바쁘셨기에 이틀 동안의 내 간호는 아빠 몫이었다. 그래, 우리 아빠가 내 곁을 지키셨다. 죽다 살아난 아빠, 가족을 위해 자신의 전 생애를 바다에 던져버리고 사신 아빠, 혼자 밥 먹는 걸 정말 싫어하지만 내가 불편해 할까봐 같이 먹자고 먼저 말도 꺼내지 못하시는 아빠, 내가 준 돈 봉투를 손에 꼭 쥔 채 몇 시간을 내 앞에서 울던 아빠, 그리고 그 돈 봉투를 자신의 베게 속에 10년이 흐른 지금까지도 넣어둔 아빠, 그는 그런 사람이었다.

10년이 흐른 지금도 나는 여전히 아빠라는 단어를 쉽게 내뱉지 못한다. 어색하고 쑥스럽고 조심스럽다. '아빠'라고 소리 내어 부르지는 않지만 그래도 요즘은 어깨를 나란히 맞추고 산책을 하기도 하고 가끔 안부전화를 하기도 하며 맛집을 찾아다니며 한 냄비의 음식을 나눠먹기도 한다. 아빠가 건강할 때 내가 용기를 냈다면 더없이 행복했겠지만 그래도 더 늦지 않아 다행이라고 마음을 다독여 본다.

나에게는 사랑하는 남편과 눈에 넣어도 아프지 않을 돌쟁이 딸아이가 있다. 나는 내 딸이 나처럼 자라지 않도록 직장을 그만두고 딸아이와 시간을 보내고 있다. 딸은 나를 엄마로 만들어주었을 뿐만 아니라 내 엄마 아빠의 완벽한 딸로도 만들어 주었다. 딸이 재롱 부리는 모습을 보면 한없이 사랑스럽고 얼른 달려가 안아주고 싶다. 내 눈 앞에 앉아 있는 딸을 바라보고 있지만 그 순간에도 딸아이가 그립다. 딸이 나에게 가져다 준 행복을 알게 되면서 나는 엄마 아빠에게도 딸이 가져다주는 행복을 느끼게 해주고 싶었다. 돌쟁이 아가의 순수한 미소를 따라가지는 못하지만 엄마 아빠와 눈이 마주칠 때마다 나는 살포시 미소를 짓는다. 돌쟁이 아가의 사랑스러운 걸음마를 따라가지는 못하지만 엄마 아빠와 서서히 간격을 좁히며 걸음을 걷는다.

딸에게서 아빠라는 말이 터져 나오기를 얼마나 듣고 싶으셨을까? 아빠에게 기다려달라고, 나에게 시간을 달라고 보채기만 했던 나 자신을 오늘도 원망해본다. 하지만 아빠는 이런 내 모습을 보시면 이렇게 말하겠지?

"지금이라도 용기를 내줘서 고맙다. 내가 먼저 다가가지 못해 미안하다."

그럼 나는 이렇게 대답해야지.

"아빠, 오래오래 건강하게 내 곁에 있어주세요. 다른 딸들보다 30년 늦었으니까 다른 아빠들보다 30년 더 오래 사셔서 내가 재롱 피우는 모습 보세요. 거북이 딸이어서 미안해요. 아빠가 내 아빠라서 정말 감사해요."

|가작| 고등부

상처

조현진

"으~ 추워. 바람 공주가 드디어 납셨구먼. 이제 사계절에 가을이 없어져버린 것 같아."

한껏 쌀쌀해져버린 날씨가 살을 에워싸면서 학교에서의 나는 위에는 후드 집업을 아래에는 담요를 빙빙 둘러 감싸는 것으로 추위를 피하려 했다. 친구들 역시 선생님 눈을 몰래 피해 온 몸을 철저하게 가리며 '바람 공주'가 내뿜는 차가움을 조금이라도 벗어나려 애썼다. '바람 공주'는 차갑게 불어대는 바람을 새침하고 도도한 공주에 빗대어서 내가 지어낸 것으로 쌀쌀하다는 뜻을 내포한, 내가 요즘 학교에서 자주 사용하는 단어였다. 그런데 그런 '바람 공주'가 학교를 벗어나 우리 집에까지 찾아왔다.

"아빠가 나한테 언제 관심을 가져줬는데! 아빠는 나한테 충고할 가치도 없다고!"

작지도 크지도 않은 우리 집에서 내 목소리가 커다란 메아리가 되어 울렸다. 집 안의 분위기는 냉기가 가득했고, 아빠는 내 말에 화가 나셨는지 화장실로 들어가 애꿎은 담배만 피워대셨다.

"솔직히 내가 문과, 이과 결정할 때도 아빠는 아무거나 하라는 식으로 대충 말했잖아! 이게 관심이 없는 게 아니면 뭔데!"

나는 화장실에 들어가 계신 아빠를 향해 끊임없이 말했다. 옆에서 엄마가 부업을 하시며 한숨을 내쉬고 계셨지만 그것에 굴하지 않고 계속해서 소리쳤다. 내가 아빠를 향해 차마 말하면 안 되는 말을 할 때까지……. 하지만 난 울분에 차서 내가 무슨 말을 하고 있는지조차 망각한 상태였다.

사건의 발단은 나의 대학 진학 문제였다. 중학교에 비해 현저히 떨어진 성적으로 나는 굉장히 민감한 시기를 보내고 있었는데, 중학교 때 성적을 기억하고 계신 부모님께서 괜히 내가 갈 대학을 기대하실까봐 미리 부정적으로 선을 그어놓았었다. 그래야 부모님께서 나중에 실망을 하시더라도 그 정도가 덜하실 거라는 생각을 가지고 항상 부모님께는 대학 진학에 대해 부정적인 말만 해왔었다. 그런데 그것이 아빠께는 오히려 내가 답답하고 한심해 보였나보다. 내가 엄마께 말씀드리는 것을 듣고 계시던 아빠가 결국에는 내게 무슨 그런 쓸데없는 말을 하고 앉아있냐며 엄마 아빠가 해 준 말이나 귀담아 들으라며 화를 내신 것이다. 솔직히 부모님께 나의 대학 진학에 대해서 부정적인 말을 한 것이 부모님의 기대치를 낮추려는 것도 있었지만 내 자신에게, 그리고 부모님께 더 열심히 해서 좋은 대학에 가고야 말겠다는 희망을 올바르게 표현하지 못한 것도 포함되어 있었던 터라 내 마음을 이해해주지 못하는 아빠께 화가 나서 지금까지 하지 않았던, 아니 할 수 없었던 말들을 쏟아부어버린 것이다. 아빠가 상처 받을지도 모른다는 생각을 하면서도 말하는 입을 멈출 수가 없었다. 끊임없이 움직이는 공장의 기계처럼 내 입은 만들어서는 안 될 것까지 만들어내고 있었다. 마치 제어장치가 고장나버린 기계처럼…….

"귀 담아 들을 말이어야지 귀 담아 듣지! 이미 내가 다 생각해보고 결정 내린 걸 새삼스레 다시 말하면 내가 고마워할까봐?!"

계속해서 담배를 피워대시는 아빠와 묵묵히 일을 하고 계신 엄마를 뒤로 하고 나는 방으로 들어와 방문을 세게 닫아버렸다. 그리고 닫힌 방문 틈으로 아빠께 평생 상처가 될 말을 해버리고 말았다.

"아빠는 나한테 뭐라고 말할 가치도 없어! 그리고 아빠만 속상한 줄 알아?! 나는 차라리 죽어버리고 싶다고! 짜증나, 진짜!"

얼마 되지 않은 나날들을 살아오면서 내가 아빠께 대든 말 중에 가장 심한 말이었다. 부모님께 결코 해서는 안 되는 리스트에 올라있는 말을 해버리고 만 것이다. 말을 내뱉고 나서 '내가 무슨 말을 한 거지.'라는 생각에 당황하기도 했지만 이미 뱉어버린 말은 아빠의 귀에 들어가 먼지가 된 후였다.

사실 아빠가 화낸 이유를 난 알고 있었다. 부모로서 자식이 걱정되지 않을 리는 없지 않겠는가. 그래도 그 당시의 나는 아빠가 미칠 듯이 미웠다.

그렇게 내 생애 가장 심한 불효를 저질러버리고 말았다. 물론 사소한 일로 다툰 적은 몇 번 있었다. 그러나 내가 내뱉은 말이 그 어느 때와 달랐기 때문에 최악의 불효 목록에 빨갛게 글씨가 쓰였다. 행동보다 말이 더 상처가 된다는 것은 누구든 알고 있을 것이고 차라리 행동이었으면 좋겠다고 생각할 만큼 그날 난 너무 심한 말들을 많이 했다. 위에 적은 말보다 더 많은 말들을 했으니까.

솔직히 나는 지금까지 부모님께 그렇다 할 불효는 하지 않았다. 오히려 부모님께 잘했다면 잘했던 편이었다. 부모님이 힘드실 때면 항상 옆에 있었고 부모님께 속상한 일이 있어도 부모님께 누가 될까봐 애써 밝히지 않았다. 어렸을 적, 엄마가 '넌 혼자서 잘하니까.'라며 관심을 언니와 남동생에게 돌렸을 때도 화내지 않았다. 그렇기 때문에 이번 일은 내게도 부모님께도 심각한 일이었음에 틀림없었다.

씩씩거리며 끊임없이 흘러내리는 눈물을 거칠게 쓸었다. 시간이 지남에 따라 눈물이 멈추었고 왼쪽 광대가 분홍빛으로 변한 것으로 내가 울었다는 흔적만 남아있었을 뿐이었다. 그 뒤로 내가 집을 나가고 집에 들어오고, 하루가 지날 때까지 아빠와 말조차 하지 않았다. 지금에 와서는 왜 쓸데없이 오기를 부렸나 하는 생각이 들지만 이때는 왠지 말하면 지는 기분이었다.

그렇게 이틀이라는 시간이 지나고 나는 '엽서시 문학 공모 사이트'에 접속했다. 글을 잘 쓰지는 못하지만 글 쓰는 걸 좋아하는 한 사람으로서 문학 공모전을 자주 살펴보곤 했는데, 바로 그때 '효사랑 글짓기 공모전'을 발견하였다. 마감 시기도 임박했고 무엇보다 글짓기 주제에서 이틀 전의 내 모습이 생각나서 호기심에 클릭했는데 지금은 그때 그랬던 것이 참 다행이라고 생각한다. 나는 평소에 생각이 많은 편에 속한다. 어떤 생각을 하느냐고 물으면 딱히 정해진 건 없다. 그때그때 생각나는 걸 바탕으로 상상하기도 하고 내가 하고자 하는 걸 계획하기도 하고 내 행동을 반성하기도 한다. 그래서인지 '효'라는 단어를 보자마자 이틀 전의 내 모습이 생각나기 시작났고 아직까지도 아빠와 대화를 거부하고 있는 나를 돌아보게 되었다. 만약 싸운 당일 날에 이 공모전을 보았다면 '쳇'하며 그냥 넘겼겠지만 이미 이틀이란 시간이 지난 후였기 때문에 나 스스로도 반성하고 있었고, 그래서인지 더 마음에 와 닿았던 건지도 모르겠다. 어째든 이걸 계기로 '효'를 생각하게 되었다. 지금껏 힘든 일이 있어도 내색 한번 하지 않으셨던 아빠가 누구를 위해 그랬는지 다시 인식할 수 있었고, 내게 화를 낸 것이 누구를 위해 그런 것인지를 인정할 수 있었다. 무엇보다 사소하다면 사소할 수 있는 문제에 대해서 너무 민감하게 반응하여 아빠께 죄스러운 말씀을 드린 것이 가장 마음에 걸렸다. 그런 '생각'은 나를 울컥하게 만들었다. 뜨거운 무언가가 아랫배를 살살 문질렀다.

나에게 '효'란 부모님의 마음을 편안하고 안정되게 해주는 것이다. 물론 물질적인 봉양도 있겠지만 내 기준에서는 물질적인 가치보다 정신적인 가치가 더 큰 비중을 차지했다. 그랬기 때문에 이번 일은 내가 아빠의 정신적인 마음을 훼손했다고 할 수 있었다. 이렇게 생각한 난, 마음의 정리를 하고 저녁에 슬쩍 나와 부엌에 계신 아빠의 어깨를 슬쩍 주물러 드렸다. 아빠도 아무렇지도 않게 내 안마를 받으면서 '어이구, 시원하다.'라고 말씀하실 뿐이었다. 이틀만이었지만 아빠는 내게 언제 그랬냐는 듯 대해주셨다. 문득 그 이틀 동안 아빠는 무슨 생각을 하고 계셨을지 궁금했다. 하지만 중요하진 않았다. 아빠가 어떤 생각을 하고 계셨든지 아빠가 나를 생각하는 마음만큼은 잘 알고 있으니까. 그리고 그 다음날, 학교로 가면서 핸드폰을 꺼내 아빠께 문자를 보냈다. '오늘도 파이팅! ㅋㅋ ♥'.

누군가는 내가 이렇게 쓴 글이 거짓말 같다고, 지어냈다고 생각할지도 모르겠다. 싸우고 나서 공모전 내용을 보고 아빠와 화해할 생각을 하다니 이상하다고 하면서 말이다. 하지만 난 정말로 우연히 공모전을 보았고 글로 적은 것처럼 그때 여러 가지를 생각하고 느꼈다. 이 부분에서는 한 치의 거짓도 없다는 것을 말하고 싶고 이 일이 일주일도 채 되지 않은 만큼 진실한 마음으로 썼다는 걸 알리고 싶다. 솔직히 지금 이 글을 쓰고 있기 전까지는 내가 '효사랑 글짓기 공모전'에 응모하게 될 거라고는 생각하지도 못했다. 그런데 아빠와의 그런 일이 있고 보니 사람들에게 이렇게 말하고 싶어서 글을 쓴다.

"부모님은 우리가 어떠한 잘못을 하더라도 그들의 가슴에 못을 박더라도 자식들을 1순위로 삼습니다. 그러나 자식들이 부모님의 가슴을 아프게 하는 일이 한평생 없을 수는 없습니다. 그렇다면 그 상처를 추억으로 만들어 드리는 게 어떨까요? 부모님께 상처를 드렸다면 조금은 솔직해질 필요가 있습니다. 문자를 보낼 때 ♥를 붙이는 것만으로도 기뻐하시는 부모님이 많으니까요. 이런 식으로 상처를 추억으로 바꾸어 나가면 어떨까하는 생각이 듭니다. 진정한 효는 물질적인 것이 아닌 정신적인 것이 실현돼야 하는 것이라고 생각하는 입장으로서 부모님의 마음을 따스하게 해드리는 것이 첫 번째 '효의 실천'이라고 말씀드리고 싶습니다."

|가작|

문신 外 2편

권수진

가시가 표피세포 사이의 틈을 비집고
수(繡)를 놓는다.
한 땀, 한 땀 가시가 지나간 자리마다
송골송골 맺혀 있는 붉은 물방울
지우고 싶어도 지울 수 없는
점 하나를 만든다.
점과 점이 모여 선을 이루고
선은 다시 면을 그리면서
형체를 알 수 없던 문양들이 점점 선명해진다.
꽃, 술잔, 나비무늬를 옷감에 새겨 넣는
엄마의 박음질은 언제나 정확했다.
광목이 살아 숨 쉬는 곳이라면
어디에도 꽃이 피었고
나비가 춤을 추듯 날아올랐다.
뾰족한 가시가 모세혈관을 터트릴 때마다
엄마의 손은 점점 거칠어졌다.
한때는 다른 엄마처럼 고운 손을 갖지 못했던
우리 엄마의 거친 손을 원망했었다.

한글도 제대로 배우지 못한
청상과부의 자식이라는 꼬리표도 부끄러웠다.
문양을 새기면서 바늘에 찔린 상처보다
내 입의 가시 돋친 망언들이
엄마의 가슴 속에 시퍼런 문신을 새기고 있었다.
내 몸에 용 한 마리 문신을 새겨 넣고
한참의 세월이 지나서야 나는 철이 들었다.
지난날 부끄러운 과거들은 문신이 되어
늘 그림자처럼 따라다녔다.
나는 고목뿌리처럼 거칠어진 엄마의 따뜻한 손을
두 손으로 꼭 잡아주지 못했었다.
삯바느질을 할 때마다 손가락 사이로 흐르던 따끔한 핏방울을
한 번도 부드러운 천으로 닦아주지 못했었다.
엄마가 그리울 때마다 술을 마시고
눈물이 저절로 흘러나오는
엄마는 내 양심에도 문신을 새겨 넣고 있었다.

호미

고향집 갔다가 헛간에 널브러진 호미 한 자루를 보았다. 삶을 움켜쥔 내력만큼 손때 묻은 호미자루가 처량하다. 한때 어머니는 이 한 자루의 호미를 쥐고 묵정밭을 죄다 텃밭으로 일구어 놓았을 것이다. '몸을 놀리면 그건 사람이 아니제.' 묵정밭처럼 거친 세상에서 호미가 전부였던 어머니의 좌우명이 어느 날 문득 돈오(頓悟)를 깨우친 승려처럼 나의 정수리를 내리친다.

한평생 일밖에 몰랐던 어머니의 젊은 날은 늘 호미가 따라다녔다. 비가 오나 눈이 오나 호미 한 자루만 손에 쥐면 거칠 것이 없는 어머니였다. 제 아무리 얼어붙은 땅일지라도 춘양(春陽)을 일깨웠고 보습날이 지나간 자리마다 죽은 흙이 되살아났다. 어머니 따뜻한 손길 따라 남새밭에는 무, 상추, 오이, 시금치, 쑥갓들이 푸른빛으로 무럭무럭 낭창거렸다. 그러나 자식농사까지 김을 맬 순 없었다.

어머니가 병상에 누워 계신다. 척추가 휘어질 대로 휘어져버린 호미처럼 녹슨 날에 이가 빠져 온몸이 움츠러들어 있다. 아직 칠순을 넘기기엔 까마득한 나이, 오랜 지병을 앓으면서 스무 평 남짓한 텃밭의 잡초들을 먼저 걱정하신다. 문학을 한답시고 백수로 지내는 나를 두고 자식농사까지 망칠 수 없다면서 한평생 내 뒷바라지만 하신 어머니. 헛간에 손때 묻은 호미자루를 수건으로 닦다가 울컥 눈시울이 뜨거워졌다.

아버지의 쪽지게

당신의 등골에 찰싹 달라붙어
혹처럼 불거져 나온 이가 있다.
지게뿔처럼 높기만 한 산등성이
땔감을 구하러 출근길 서두르는 아버지는
날마다 믿는 도끼에 발등이 찍혔다.
발채 안에는 장작 대신
근심 걱정만 한가득 실려 있다.
천근같이 무거워진 지게몸체
질빵을 질끈 동여매자
휘청대는 삶의 무게를 악숭이* 사이로 괸다.
나는 당신 핏줄에 기생하며
붉은 피를 쪽쪽 빨아먹는 거머리다.
우리는 끊으려야 끊을 수 없는
혈통으로 맺어진 인연
어린 시절엔 엄마 등에 업혀 살다
졸업 후에도 제 갈 길을 찾지 못하고
오늘도 깊은 산속을 헤매고 있다.
나이테가 늘수록 점점 굵어지는
밑동부리 같은 자식들
아버지는 차마 날선 도끼로 내려찍지 못한다.
지게 작대기에 온몸을 의지한 채
험준한 세상살이를 버틸 수 있는
유일한 무기는 오직 몸뚱이뿐
산더미처럼 높이 쌓인 가게 부채를 짊어지고
터벅터벅 산비탈을 위태롭게 내려오는
아버지의 뒷모습이 무겁다.

*악숭이 : 지게 작대기의 갈라진 부분.

|가작|

흑백사진이 되신 외할머니

조영욱

창피하지만 나는 공부만 20년 넘게 했다. 그 22년 공부의 결실을 드디어 보게 되어 박사라는 감투를 쓰긴 했다. 또한 운이 좋게 제도권 진입에 성공하여 교수랍시고 현재 연구실에 앉아있는 사람이 되긴 했지만 나는 나의 이런 모습을 보여드리고 싶었던 분이 있었다. 바로 우리 외할머니다.

외할머니는 오남매를 두셨다. 그중에서 둘째인 우리 어머니를 가장 좋아하셨고 우리 어머니 옆에서 돌아가시고 싶다고 하셨다. 내가 한국에서 대학원에 다닐 때 우리 어머니와 아버지 모두 한국에 나와 계셨다. 그래서 외할머니는 내가 귀국할 날만을 손꼽아 기다리셨다.

박사 학위를 받던 날 나는 이제 우리 외할머니가 박사 손주를 두셨다고 생각하니 뛸 듯이 기뻤다. 곧이어 전임교수로 취직되어 장춘으로 가면서 외할머니와의 상봉을 나 또한 손꼽아 기다렸다. 8월말에 장춘으로 가서 부임하고 한 달 뒤면 추석 연휴와 중국 국경 연휴를 쉬러 고향 연길에 가게 되었었다. 그러나 9월 24일 외할머니가 돌아가셨다는 소식을 받았다. 5일만 더 기다리시지. 외할머니는 5일을 기다리시지 못하시고 돌아가셨다. 5일만 더 기다렸더라면 박사 손주, 교수 손주의 모습을 보셨을 텐데. 5일만 더 기다렸더라면 내가 임종을 지켜드렸을 텐데.

한국에서 대학원에 다닐 때 외할머니는 전화를 하여 꼭 이런 말을 하곤 하셨다. "언제 공부 다 하느냐?" 내가 석사과정을 마쳤을 때 전화 하셔서는 "이젠 집으로 오느냐?" 내가 박사과정을 다닐 때 남은 시간이 얼마 남지 않았다는 것을 아셨는지 외할머니는 전화를 해서 "나 이제 거의 죽는다."라고 하셨다.

그러다가 박사과정 때 외할머니는 한 번 한국에 놀러 오셨다. 그때 무슨 과일이 드시고 싶다고 하셨다. 앵두보다는 크고 방울토마토 비슷하게 생겼으며 맛은 새콤한 과일이었는데 외할머니는 그 이름을 모르셨는데 다행히 내가 그 과일을 좋아하기 때문에 나는 알고 있었다. 그것은 바로 체리였다. 체리를 18,000원 어치 사다가 외할머니께 드렸더니 "이런 건 얼마나 하느냐?"라고 물으셨다. 내가 18,000원이라고 하자 외할머니는 손톱만한 걸 18,000원이나 하냐고 하면서도 맛있게 잡수셨다. 나는 그 때 효도를 한 번 했다는 생각에 마음이 즐거웠었다.

고향에 돌아가시기 전날, 뭐 드시고 싶은 것이 없냐고 여쭸더니 외할머니는 동태찌개가 드시고 싶다고 하셨다. 나는 그런 것은 연길에 가서 드셔도 된다고 하면서 일인분에 40,000원하는 호텔 뷔페에 가자고 했다. 외할머니는 극구 사양하시면서 동태찌개면 된다고 하셨다. 사실 바로 그 동네에 동태찌개집이 있었는데 외할머니는 관절염 때문에 드시고 싶어도 드시지 못했던 것이다. 외할머니의 관절염은 50m의 길도 한번 쉬고 걸어야 할 만큼 심했다. 나는 하는 수 없이 외할머니를 모시고 동태찌개 집으로 갔다. 외할머니는 내 팔짱을 끼고 한 걸음 한 걸음 숨차게 걸으셨다.

"할머니, 업히쇼(업히세요)."

내가 업어드린다는 시늉을 하자 외할머니는 싫다고 했다.

"이렇게라도 좀 나 혼자 걸어야 한다."

나는 할머니의 팔짱을 끼고 천천히 가는 수밖에 없었다.

"팔십 먹은 할매가 이렇게 젊은이 팔짱 끼고 가는데 창피하잖니?"

외할머니는 자신 때문에 외손주가 동네에서 망신당할 것이 걱정돼서 말씀하셨다. 나는 순간 가슴에서 따뜻한 무엇이 끓어오르는 것 같았다.

"할머니, 어릴 때나 그렇게 생각하는 것이고 지금은 다 커서 괜찮아요. 난 할머니를 모시고 대학 구경 시켜도 창피하지 않습니다."

외할머니는 내가 외할머니를 창피하게 생각하는 줄 알고 계셨던 것이다.

그러나 나는 정말 창피한 일이 있었다. 어느 날 라디오 방송에 나갔는데 외할머니 얘기가 나왔다. 사회자가 외할머니 함자를 물었는데 창피하게도 나는 외할머니의 함자를 모르고 있었다. 할머니를 그냥 할머니로만 알고 있었지 함자까지는 몰랐다. 또 사회자가 연세를 물었는데 나는 그것도 몰랐다. 이 방송을 외할머니께서 들으셨는데 순간 외할머니는 좀 섭섭한 눈치였다고 한다.

그래서 이러한 불효를 직접 외할머니께 사죄드리면서 박사 학위를 받고 교수가 된 모습을 보여드리려고 준비하고 있었는데 외할머니는 이 외손주를 기다리지 않으시고 무엇이 그리 급하신지 하늘나라로 가셨다.

내가 전화를 받고 부랴부랴 연길로 가자 외할머니는 흑백사진이 되셔서 나를 조용히 보고 계셨다. 외할머니는 아직 거기에 계신 것 같았다. 당장이라도 '영욱아' 하면서 허리춤에서 용돈을 꺼내주실 것만 같았다.

외할머니는 외손주들 중에서 나한테 용돈을 제일 많이 주셨다. 나는 남들처럼 돈을 많이 벌어서 외할머니께 보답하겠다는 그런 어리석은 다짐은 하지 않았다. '있을 때 잘하라'는 말이 있는 것처럼 나는 평소에 작은 것을 해드리려고 했었다. 맛 나는 음식을 사드리며 나름대로 효도를 한다고 생각했다. 그래도 외손자의 정성이 모자라서일까? 외할머니는 급하게도 가셨다. 이럴 줄 알았으면 고향에 가서 잘 해드리겠다는 어리석은 다짐이라도 했어야 했나 생각해본다.

아직도 보고 싶은 외할머니의 목소리가 귀에 쟁쟁하다.

"팔십 먹은 할매 이렇게 젊은이 팔짱 끼고 가는데 창피하잖니?"

나는 이렇게 외친다.

"창피하지 않아요, 할머니. 우리 팔짱 끼고 광화문까지 가요. 광화문 뒤 경복궁 구경도 하고, 경복궁 뒤 대통령이 나랏일하시는 청와대 구경도 해요. 나는 절대로 할머니가 창피하지 않아요."

'효행과제'를 하면서 알게 된 효

윤다희

세상이 온통 푸른 5월이 되면 사람들은 바빠집니다. 5월은 가정의 달이어서 가족과 관련된 행사가 많기 때문입니다. 학교에서도 5월 8일 어버이날을 위해 당연한 과제를 내줍니다. 1학년 때부터 해오던 행사이면서 과제였기 때문에 담임선생님께서 효행과제에 대해 설명하기 시작했을 때 이제까지 효행과제는 평상시에 하는 항목에서 '했느냐 안 했느냐'에만 동그라미를 그려 가면 되었기 때문에 쉽게 생각했었습니다.

그런데 올해 담임선생님은 다른 반과 다른 효행과제를 내주셨고 우리는 '아휴, 귀찮게 왜 다르게 하라고 하시지?'라고 투덜거리며 설명을 들었습니다. 효행과제의 미션은 자기가 하고 싶은 효행 5가지를 적고 실천하면서 느꼈던 점과 인증사진을 찍은 후 부모님도 효행을 받으면서 느꼈던 점을 받아 적은 후 신문처럼 만들어 오라는 과제였습니다. 우리 반 친구들은 "싫어요, 왜 그렇게 해야 돼요?"라고 괴성을 질러댔습니다.

나도 마찬가지였습니다.

"학원 숙제도 많은데 왜 그렇게 해야 돼요?"

반 친구들이 투덜대자 담임선생님께서는 "진정한 효는 일상생활에서 부모님의 뜻을 알고 따르는 것이야."라고 설명해주셨습니다.

남들 다하는 것은 빼고 자기가 평상시에 불효를 했다는 생각과 행동들을 반대로 작성하여 효를 실천하도록 계획을 세우면 쉽다고 덧붙여 설명해주셨습니다.

도덕과목의 수행평가여서 한 명도 빠짐없이 해야 되고 얼렁뚱땅 숙제를 해온 사람은 혼을 내주신다고 으박지르기까지 하셨습니다.

한번 하고자 하면 제대로 해야 한다는 내 신념에 '효 실천'은 부모님을 기쁘게 해드리는 작은 씨앗이 되어 버렸습니다. 그래서 결국 열심히 하기로 결정하고 집에 가서 영어학원 숙제를 끝낸 후 곰곰이 생각해 보았습니다.

첫째, 엄마의 말씀에 귀를 기울이자. '부모의 말씀을 들으면 자다가도 떡을 얻어먹는다.'고 엄마는 입버릇처럼 말씀하셨기 때문입니다.

저는 엄마가 어떤 일을 시키거나 말씀을 하시면 청개구리처럼 반대로 행동하는 '청개구리 병'이 있습니다. '사춘기'라는 핑계를 삼아 일부러 반대로 행동하여 엄마의 화를 더 내게 만든 나였기 때문에 엄마가 늘 속상해 하셨습니다.

둘째, 직장을 다니시는 엄마의 집안일을 줄여 드리자.(도와드리기 쉬운 일 중에서 빨래를 갠 후 정리하여 서랍에 넣기입니다.)

셋째, 운동을 하여 살을 빼자.(단 음식을 좋아해서 살이 점점 늘어만 간다고 걱정하는 부모님과 나를 위해서 간식도 줄이기로 했습니다.)

넷째, 부모님과 비슷한 취미를 갖자.(책을 좋아하는 부모님과 독서를 같이 하고 이야기를 나누면 이제까지 부모님께서 제게 속상했던 점과 바라는 점들을 이야기하면서 자연스럽게 풀릴 것 같아서입니다.)

다섯째, 주말에 조부님을 찾아뵙자.(부모님은 쉬는 주말에 피곤한데도 할머니, 할아버지를 찾아뵙고 식사도 같이 하십니다.

저는 친구들과 어울리느라고 자주 찾아뵙지 못하고 있었는데 이제는 부모님과 같이 할머니, 할아버지를 찾아뵙기로 했습니다.)

이렇게 계획을 세운 후 실천하기로 하자 점점 제 마음이 달라지기 시작했습니다. 생각이 바뀌면 행동이 바뀌고 행동이 바뀌면 삶도 바뀐다는 말처럼 스스로 '내 자신이 어른스러워졌다'는 생각이 들기까지 했습니다. 그리고 동생과 다투는 일도 줄어들었고 집에서 웃는 날이 더 많아졌고 서로를 생각하는 마음이 더 생기기 시작했습니다.

비록 3주 동안의 실천 과정이 힘들었지만 이 과제를 통해 진정한 효에 대해 깨달았고 언제나 시부모님의 뜻을 존중하는 엄마의 효심도 본받게 되었습니다.

처음에 이 과제가 발표 되었을 때는 '귀찮다'라는 생각이 들었지만 나의 5학년 삶에서는 큰 도움이 되었습니다.

이렇게 효행과제를 하면서 부모님의 사랑을 알게 되었고 부모님께 자랑스러운 딸이 되도록 더 열심히 공부하고 동생과 더 사이좋게 지내야겠다는 중요한 마음을 얻게 되었습니다.

|가작| 대학부

여름의 풍경 外 2편

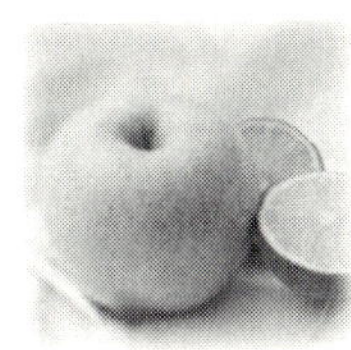

박세희

봄을 붙들고 있던 앙상한 가지 아래
한참 울던 매미가 여름을 토해낸다.
여름의 풍경이 낯선 부재를 속삭이듯
고목나무 그늘처럼 우두커니 앉아있는 노인
마당에 키 작은 장독대 위로 하얀 서리가 내리고
지붕이 흰 광목 빛으로 햇살을 머금는다.
순간 뙤약볕에 고드름이 송송이 맺히면
노인의 늘그막으로 눈송이가 쌓인다.
세월을 밀어낼수록 서럽게 내리는 눈발,
노인 곁에서 유독 겨울이 떠나지 않는다.
수화기 위로 케케묵은 눈발만 가득 쌓인 탓일까.
전화 한번 없는 자식들 생각에
사계절의 쓸쓸한 겨울은 제자리만 맴돌고
여름은 또 한 번 싸락눈을 흩날렸다.
헛헛한 제 속마다 겨울이 들어찰 무렵,
노인은 소매로 눈가를 훔친다.
그의 눈이 닿는 곳마다
온통 눈보라만 휘몰아치는 한여름의 풍경.

당신의 손금

물마를 날 없던 어머니의 손
그 길을 따라 굵게 패인 주름이 잡혔다.
간혹, 그 길에서 울음소리가 났다.
내가 철없이 내뱉은 날카로운 말들이
비수가 되어 한 겹씩 날아들었을 것이다.
무른 집물처럼 터지지 않고 고여 있었을 것이다.

당신의 손금으로 가는 길엔
내가 잘못 들어선 길목마다 찍힌 발자국들
그 옅은 웅덩이를 눈물로 깊게 메우던 어머니
어머니의 가슴 깊은 곳에서 찰랑이던 물결은
오래된 우물처럼 바짝 마른 손금으로 굳어있다.

너무나 좁은 길을 걸어온 탓일까.
메마른 모래만 서걱대는 길
그 부스럼들이 나의 가슴으로 밀려와
사구를 쌓고 사막이 되어간다.
촘촘하게 짜여진 삶을
하나씩 풀어 놓으며 새긴 발자국
아직도 지워지지 않고 있다.

당신의 손금,
그 길에 내가 놓여있다.

빨랫비누

베란다 구석, 허옇게 굳어가던 세월 앞에
홀로 덩그러니 놓인 할머니
수선화 꽃잎처럼 고개를 숙이고 있다.
폐식용유 얻어다 만든 누런 빨랫비누 몇 조각
삶의 거품처럼 일어나 거실까지 들어올 때쯤
할머니의 젖은 손은 마른날이 있었을까.
한고비씩 넘어가던 숨소리가 새근새근 잦아든다.
울퉁불퉁 굳은 비누에 칼금을 긋고
착착 빨랫비누를 세탁기 옆에 쌓아놓는다.
자식들 오면 두어 장 싸줄 거라며
누가 오나 하곤 멀리 창밖을 바라보지만
기다림의 발자국은 이쪽저쪽에도 없다.

바짝 마른 몸,
몰래 세월을 세고 있던 살결
목침에 머리를 뉘인 할머니 진자리마다
어둑어둑한 그늘이 깊어지면
모로 누운 할머니가 이불에 지도를 그린다.
그 흔적을 물걸레로 닦아내자
내 손도 그 무게를 가늠한 듯 흥건히 젖어든다.
지도가 그려진 축축한 홑이불
시간의 얼룩을 물에 담근다.
불린 세월에 빨랫비누를 치대고 문지른다.
수건에서도 목침에서도 나던 할머니 눅눅한 냄새가
빨아도 지지 않는 얼룩처럼 남아있다.

곁에, 살아야겠다

안창용

문득 이런 생각이 들었다. 유독 창틈으로 새는 바람이 차가워진 11월의 겨울 초입, 할로겐램프처럼 점차 열이 오르던 이마를 짚고 이불 두 개를 겹쳐 덮고서는 끙끙 앓으며 문득 그랬다. 아쉬울 때만 부모를 찾는 간사한 자식의 본능으로 타지에서 앓는 서러움에 부모가 그리워진 것이다. 부모를 생각할 때란 항상 그렇다. 내가 아쉬울 때, 내가 그리울 때, 오로지 [내가] 찾고플 때만. 그네들이 나를 보고파 함은 결코 안중에 없다. 생각해보면 항상 나를 그릴 당신들. 생각해보면 항상 내가 보고플 당신들. 생각해보면, 생각할 시간보다 빠르게 본능으로 나를 그리워할 부모님.

그런데 왜 나는 생각으로만 그리워할까. 한동안 연락을 안 드렸구나. 오랫동안 집을 찾지 않았구나. 꼭 생각을 거치고서야 부모가 그립다. 책임으로서의 그리움, 의무로서의 그리움. 겨우 그 정도밖에 안 되는 '도리'로서의 그리움. 나는 참 못된 자식이다. 부모는 간절함으로 날 그리는데 나의 그리움은 사고(思考)라니, 맙소사.

부모를 벗어나고파 몸부림쳤다. 부모의 품을 박차고파 발버둥쳤다.

나의 몸부림 하나가, 발버둥 한번이 부모 가슴에 붉은 생채기를 내고 있음을 모른 채 충실히 새끼답게 나는 무엇이 그리 조급했던 걸까? '독립'이라는 단어가 주는 자존감 따위에 철저히 나의 힘으로 살고 있다 착각하며 부모의 공을 무심히 뒤로 던졌다. 쇠약해진 당신들이 더 이상 휘두를 수 없는 나임을 증명하고자 스스로 사고(思考)함을 알리고자. '내가 알아서 할게, 더 이상 간섭하지 마!' 어른이라 소리치며 내가 해온 행동들은 결국 부모 가슴 한복판 무참한 사고(事故) 현장을 만들었을 뿐.

거꾸로 자라고만 있는 나는 졸업과 동시에 당신들과 떨어지겠다고 자랑하듯 말했고 보란 듯 집을 나와 멀리 도망갔다. 간섭 없는 자유를 찾겠다며 한동안 연락도 끊었었다. 헌데 이제야 알 것 같다. 부모는 얼마나 서운했을까? 내가 아쉬울 땐 생색 한 번 없이 부탁 다 들어주고 돈 좀 부쳐달라는 전화조차 반가워 끊기 아쉬워하던 부모인데 나는 부모 아쉬울 때 무엇 하나 해준 것 있는지? 그 아쉬움이란 게 뭐 다른 것도 아니고 그냥 연락, 대화, 안부 정도인 것을. 여자 친구에겐 점심 먹은 메뉴 하나까지 세세하게 물어보는 자상한 남자지만 밥은 잘 먹고 다니냐는 부모 메시지엔 '네' 단 한 글자만 답으로 쓰고 무시하는 쌀쌀맞은 자식.

모든 효를 나중으로 미뤘다. '성공하면 해외여행 보내줄게, 큰 집 사줄게, 가게 차려줄게, 고생 안 시킬게, 다 보답할게.' 이런 사탕발림의 마지막엔 늘 아쉬운 부탁만 했다. 필요에 의해 찾았기에 필요 없을 때엔 부모가 부담스럽게 느껴졌고 평소 연락을 자주 하지도, 심지어 오는 연락을 일부러 피하기도 했다. 부모는 내게 피하고픈 채권자처럼 느껴졌다. 거창한 효도로 꼭 나중에 빚 갚으리라. 나 역시 부모에게 번듯하게 잘 하고픈 맘 왜 없으랴.

나의 가장 큰 불효는 부모의 감정을 무시했다는 것. 부모는 산이 아니고 벽이 아닌데 친구와 우애 나누듯 연인과 사랑 나누듯 부모와도 감정 주고받는 인간관계인데 돈 많이 벌어 성공해 펑펑 물질 풍요와 타인 보기 그럴듯한 대접 해드리는 것만 효라고 생각했던 나는 얼마나 어리석었는지. 여유가 없어 효도 못한다는 비겁한 말로 합리화하기에만 급급했다. 어느 세월에 당신들 자식이 이만큼 머리가 커서 부모 외로이 만들고 고립시킨 후 '그것이 어른이다' '다 자란 자식이다' 그런 말을 지껄이는 내내 나 또한 진실로 외로웠음을 깨닫는다. 물론 당신들이 느꼈을 외로움에 비하면 아주 작은 서러움이었겠지만.

언젠가, 금세 오늘이 되어있을 언젠가, 나 역시 배필을 만나 결혼을 하고 꼭 나 같은 새끼를 낳아 속 썩으며 살아가노라면 원치 않아도 부모와 더욱 시간 못 보낼 텐데……. 내 새끼와 내 마누라 챙기느라 꼬부라져 말라가는 당신들 보지 못할지도 모르는데……. 그러니까 지금이라도 실컷 보아두어야겠다. 참 미안했다. 그리고 앞으로도 미안할 일만 가득 할 테지만 떨어져서 미안해하느니 꼭 붙어서 속 썩이고 싸우고 소리치고 '쾅쾅' 부모 가슴에 못을 박으련다. 대신 당신들 곁에서, 엄마 아빠 옆에 꼭 붙어서, 되는데 까진 부모 품에 찰싹 안겨서 어차피 못날 수밖에 없는 새끼라면 마주보기라도 해야겠다.

하늘보다 높은 사랑

조영탁

"할아버지, 할아버지! 저 왔어요~."

아무리 할아버지를 불러도 할아버지는 대답이 없었습니다. 의사는 뇌출혈이라고 했습니다.

제가 태어나던 날! 가난한 살림에도 동네사람들을 불러 모아 잔치를 여실만큼 그리도 귀히 여겨주시던 제가 왔는데도 할아버지는 아무 말씀이 없었습니다. 맞벌이를 하시는 부모님을 대신해 저와 가장 많은 시간을 함께해주신 우리 할아버지! 그런데 그런 할아버지가 어쩌면 돌아가실지도 모른다고 생각하니 덜컥 겁이 났습니다. 생각해 보면 왜 그리도 잘못한 게 많은지 왜 그렇게도 나쁜 손자였는지 밀려드는 후회로 숨이 막힐 것만 같았습니다.

초등학교 때 일입니다. 그날은 교육청에서 장학사 선생님이 오신다고 하는 날이었습니다. 등교를 해서 책가방을 열어 보니 지난밤 늦게까지 숙제를 했던 사회 교과서와 공책이 보이지 않았습니다. 분명히 넣은 것 같은데 아무리 가방을 뒤져 보아도 없었습니다.

선생님께서는 무슨 방법을 써서라도 교과서와 숙제를 준비하라며 화를 내셨습니다. 몇몇 친구들과 함께 학교 공중전화로 달려갔습니다. 친구들은 엄마한테 책을 갖다 달라고 말하고 있었지만 저는 사정이 좀 달랐습니다. 엄마가 일하러 나간 시간 집에는 할아버지밖에 계시지 않았기 때문입니다. 그러나 그렇다고 해서 저만 교과서를 준비하지 않을 수는 없어 전화를 걸었습니다.

"할아버지, 저 사회 교과서랑 사회 공책 좀 갖다 주세요! 빨리요, 빨리!"

할아버지는 다급한 저의 목소리에 놀라

"사회 교과서캉 공책? 그게 우째 생겼는데? 내가 뭘 아나? 할애비가 까막눈 아이가……."

라고 하시며 크게 걱정을 하셨습니다. 저는 안 가져오면 선생님께 맞는다며 사회 교과서 표지에 그려져 있는 그림을 전화기에 대고 설명하기 시작했고, 그러는 사이 시간이 다됐는지 공중전화는 뚜뚜 소리를 내며 끊겨버렸습니다.

'어떡하지? 할아버지가 잘 찾으셔야 할 텐데, 안 그러면 큰일 나는데…….'

등교 후에는 교문 밖으로 나갈 수 없는 학교 규칙 때문에 안절부절 못하고 한참을 선도부 형들이 지키고 있는 학교 담 밖을 내다보며 할아버지를 기다렸습니다. 집에서 학교까지의 거리는 제 걸음으로 5분 정도……. 그 사이 친구들은 엄마가 가져 온 교과서를 챙겨들고 교실로 하나 둘 들어가기 시작했고 남은 건 저 혼자였습니다.

친구들이 그렇게 부러울 수가 없었습니다. 친구들이 들어가고도 한참 후에야 할아버지의 모습이 보였습니다. 그래도 정말 다행이었습니다.

"할아버지, 여기에요. 여기~"

저는 토끼처럼 팔짝팔짝 뛰었습니다. 시험에서 1등을 했을 때보다, 제가 좋아하는 돈가스를 먹었을 때보다 더 좋았습니다. 할아버지의 한쪽 손에는 책이 들려 있었고 또 다른 손에는 지팡이가 보였습니다. 그때서야 저는 며칠째 할아버지가 관절염 때문에 병원에 다니고 계셨다는 걸 생각해냈지만, 그 순간 제게는 그것이 그리 중요한 일이 아니었습니다. 중요한 것은 할아버지의 손에 들려 있는 책이었습니다.

"할아버지! 찾았어?"

할아버지는 담장 사이로 교과서를 내미셨습니다.

"이거 맞나?"

그리고는 이내 지팡이를 내려놓으시더니 땅에 주저앉아 무릎을 주무르기 시작하셨습니다. 많이 힘들어 보였습니다. 그런데 할아버지가 가져오신 교과서와 공책은 제가 찾는 것이 아니었습니다.

"할아버지는……. 왜 이렇게 무식해? 이게 무슨 사회 교과서야? 나 이제 죽었다. 선생님한테 맞는다구. 난 몰라, 장학사 선생님 오시는데 어떡해……."

땅바닥에 주저앉아 아픈 무릎을 주무르고 계시던 할아버지는 할아버지께서 가져온 책이 사회 교과서가 아니라는 말을 들으시고는 당황하셨습니다.

"아이라꼬? 분명히 니가 말한 그림이 그기 맞는데, 그라마 다시 갔다 오꾸마. 쪼매마 기다리고 있그라."

할아버지는 서둘러 지팡이를 잡으시더니 간신히 몸을 일으키셨습니다.

"다 틀렸어. 이제 나 들어가야 돼! 선생님한테 맞으면 그건 다 할아버지 책임이야! 씨이."

열 살짜리 철부지 어린아이는 할아버지께 말도 안 되는 못된 말을 남기고 뒤도 돌아보지 않고 교실로 뛰어 들어갔습니다. 교실로 들어가는데 자꾸만 화가 나고 눈물이 났습니다. 언제나 바빠 저를 돌봐주지 못하는 엄마가 원망스러워서 화가 났고, 그렇게 쉬운 글씨도 모르시는 우리 할아버지가 답답해서 눈물이 났습니다.

시간이 얼마나 지났을까? 쉬는 시간 우연히 내다본 운동장을 절룩거리며 나가시는 할아버지의 뒷모습이 눈에 들어왔습니다.

'어? 이상하다! 우리 할아버지 같은데?'

그러나 어리기만 했던 저는 할아버지가 다시 학교에 오셨을 리가 없다고 생각하며 고개를 돌렸습니다. 수업 시작종이 울리자 선생님은 가슴 한 가득 책을 안고 교실로 들어오셨습니다. 그리고는 제 이름을 부르시더니 그 많은 책과 공책을 제게 주시는 겁니다.

할아버지께서 제게 전해달라며 가져오신 책이라고 했습니다. 당신께서 글씨를 몰라 실수를 한 것이니 이 책 중에 사회 교과서가 없더라도 한 번만 봐달라는 말씀도 함께 하셨다고 했습니다. 그러니까 할아버지는 이번에도 가져오신 책이 사회 교과서가 아닐까봐 그 때문에 혹시 제가 선생님께 맞기라도 할까봐 집에 있는 책을 전부 다 가지고 오셨던 겁니다.

여기저기서 친구들이 킥킥대며 웃는 소리가 들렸습니다.

"야, 재네 할아버지는 글씨를 모른대……."

"세상에 글씨 모르는 사람이 어딨냐? 그럼 재네 할아버지 바보야?"

저는 창피해서 얼굴이 빨개졌습니다. 선생님은 친구들을 나무라시고는 제게로 오셔서 등을 두드려 주셨습니다.

"그렇게 좋은 할아버지가 계셔서 참 좋겠구나! 그런데 다음부턴 할아버지 고생시키지 말자! 알았지? 그러면 그땐 진짜 혼난다!"

선생님은 분명히 참 좋은 할아버지라고 하셨지만 글씨를 모르는 할아버지가 창피해서 나는 고개도 들지 못하고 집에 돌아와서 할아버지께 소리를 냅다 질러댔습니다.

"창피해 죽겠어. 친구들이 할아버지 바보래. 글씨도 모른다구……. 왜 다시 왔어? 창피하게."

하며 툴툴댔던 기억이 저를 아프게 합니다. 제가 혼날까봐 그 많은 책을 들고 편찮으신 몸으로 다시 학교에 오신 할아버지의 노고는 생각지도 못했던 어린 시절이 저를 부끄럽게 합니다. 글씨를 몰라 평생 답답하셨을 할아버지의 고통은 짐작도 못했던 저의 이기심이 저를 울게 합니다.

"친구들한테 할애비 바보 아이라 캐라. 가난해가 핵교를 몬 댕겨서 글씨를 모른다 캐라. 니가 원하마 내가 글씨 배우마 되지. 할애비는 니가 하라카마 뭐든지 다 할기다."

라고 하시며 할아버지는 저를 달래주셨습니다.

"정말? 할아버지 글씨 배울 수 있어?"

철이 없던 저는 할아버지가 혼자 글씨를 배운다는 게 얼마나 어려운 일인지도 모르고 좋아했습니다. 그리고 한참 후 할아버지가 처음으로 배운 글자는 제 이름자였습니다.

"야야~ 이기 니 이름 맞재? 안 틀렸나?"

그 많은 글자 중에 왜 하필 제 이름을 먼저 배우고 싶으셨는지 그때는 몰랐습니다. 할아버지는 그런 분이셨습니다. 뭐든 제가 제일 우선이었던 우리 할아버지! 그렇게 할아버지의 사랑을 먹으며 자란 저는 어느덧 대학생이 되었습니다.

"이 돈은 잘 놔뒀다가 친구들캉 코피도 사 묵고 맛난 것도 마이 사 묵그라. 아끼지 말고, 알았재?"

대학에 입학하던 날, 좋은 대학 갔다고 기뻐하시며 꼬깃꼬깃 모은 용돈을 엄마 몰래 넣어주시던 우리 할아버지! 제가 할아버지의 자랑이라며 신분증은 두고 나가셔도 제 사진은 언제나 주머니에 넣고 다니시던 우리 할아버지! 그런 할아버지께 저는 정말 아무 것도 해 드린 게 없는 나쁜 손자였습니다.

"잘 있었나? 아무 일 없재?"

제 목소리가 듣고 싶어 오랫동안 망설이다 거셨을 할아버지의 전화도 바쁘다며 건성으로 받았습니다. 엄마를 통해 할아버지가 저를 많이 기다리신다는 걸 알고 있었지만 찾아뵙는 것을 자꾸만 뒤로 미루었습니다.

그냥 언제까지고 제 곁에 계실 줄만 알고 다음에 이다음에 잘 해드릴 거라고 이기적인 생각만 하는 저는 못된 손자였습니다. 할아버지의 사랑은 당연한 것인 줄 알고 손자인 저는 그저 받기만 하면 되는 줄 알았습니다.

"다른 사람 목소리에는 반응을 안 보이시는데 네 목소리가 들리니까 반응을 보이신다. 봐봐! 그런 것 같지 않니? 할아버지한텐 역시 네가 약이야!"

엄마의 말씀에 참고 참았던 눈물이 쉴 새 없이 흘러내렸습니다. 병상에 계시면서도 이 못된 손자를, 이 나쁜 손자를 사랑하시는 할아버지의 마음이 그대로 제게 전해져왔습니다.

'자주 뵈러 올 걸……. 전화라도 자주 드릴 걸…….'

저는 할아버지의 손을 잡고 그동안 하지 못했던 말을 하기 시작했습니다.

"할아버지! 제가 다 잘못했어요. 앞으로 잘 할게요. 할아버지 전화도 잘 받고 집에도 자주 내려올게요. 그러니까 빨리……. 빨리 일어나세요!"

그리고는 무슨 말을 얼마나 더 했는지 기억이 나지 않습니다. 그러자 할아버지의 눈에서 눈물이 흘렀습니다. 할아버지는 다 알아들으신 것 같았습니다. 엄마가 저를 말리셨습니다.

내가 울면 할아버지께 좋지 않다며 그만 하라고 하셨습니다.

"내 강아지! 니 맘 다 안다. 니는 잘몬한 거 없다. 울지 말그라. 내는 괘안타. 알았나?"

할아버지는 병상에서도 그렇게 저만 걱정하시는 것 같았습니다. 저는 알고 있습니다. 할아버지는 제가 원하는 건 뭐든 다 들어주는 분이라는 것을……. 그래서 이번에도 꼭 다시 일어나실 거라고 저는 믿고 있습니다.

병실을 나서는데 할아버지의 목소리가 제 뒤를 따라오는 것 같았습니다.

"괘안타. 할애비 때문에 밥 안 묵고 걱정하고 그라마 몬쓴다. 할애비 그래 빨리 안 죽는다. 니 그거 알재? 내는 니가 하라카마 뭐든지 다 한다."

눈물을 감추려 올려다 본 밤하늘엔 가로등 불빛이 쏟아져 내리고 있었습니다. 마치 저를 향한 할아버지의 사랑처럼…….

엄마의 꿈

양세정

우리 집은 삼형제이다. 그것도 말 안 듣고 키우기 힘든 삼형제. 요즘은 다산이 대세라며 아이를 많이 낳는 분위기지만 우리 때만 해도 아이가 셋이라면 모두 입을 딱 벌렸었다. 그 반응만큼이나 삼형제를 키우는 것은 쉬운 일이 아니었다.

170센티도 안 되는 아빠와 160센티도 못 넘는 엄마의 작은 체구로 쑥쑥 크면서 점점 말 안 듣는 우리 셋을 떠받치고 있는 것은 아틀라스가 지구를 떠받치는 것만큼 힘든 일이었다. 지금에서야 보이는 것이지만 우리 엄마 아빠는 참 힘들고 고달픈 인생을 살고 계신다. 가끔은 학원비를 내라며 카드를 건네받을 때 엄마 아빠는 노후대책을 해 놓았을까 걱정이 되곤 한다. 인생은 60부터라고 하는데 엄마 아빠의 인생이 60으로 끝나는 것은 아닌지 두렵기까지 하다. 갈수록 늘어가는 학원비와 교육비는 눈에 띄게 엄마를 한숨 쉬게 만든다는 것을 알고 있다. 하지만 엄마는 하나도 힘들지 않게 그 일을 하신다. 그래서 나도 엄마가 힘든 것을 모른척한다. 너무 빨리 철이 들어 어른이 되고 싶지 않다는 무의식 때문일까? 어른이 된다는 것은 등골이 휘는 부모가 된다는 것이니까…….

효도는 나와 먼 것이라고 생각했다. 학생이기 때문에 뭘 사드릴 돈도 없다. 한 달에 이만 원씩 받는 용돈으로 살아가고 있는 형편이기 때문이다. 그러니 작은 것 하나 사드리는 것도 쉽지 않고, 허접한 것 사봤자 엄마 마음에 들지 않을 것이기 때문에 포기했다. 그래도 나름 내가 할 수 있는 효도를 찾았는데 그것은 외고를 다니는 언니와 유달리 손이 많이 가는 남동생 때문에 정신없는 엄마를 위해 내가 할 일은 내가 한다는 것이다. 언니와 동생에게만 관심을 주는 엄마 때문에 서운한 적도 있지만 그런 관심을 받는다고 상상해 보니 그것도 부담일 것이란 생각이 든다. 그런데 그렇게 넘치는 사랑을 받는 언니와 동생은 어버이날이나 결혼기념일조차 챙기지 않는다. 부모님의 생일은 기억조차 하지 못한다.

나도 부모는 무조건 주기만 하는 존재이고 자식은 받는 존재라고 생각한 적이 있었다. 엄마와 아빠는 거인으로 느껴졌고, 우리는 부모님의 보호를 받는 난쟁이 같은 존재라고 생각했었다. 그래서 어버이날 카네이션조차도 챙기지 않았는지도 모른다. 그런데 몇 년 전 어버이날 아무것도 준비하지 않은 우리 삼형제 때문에 서운함이 극에 달한 부모님들은 우리를 혼내셨다. 그때 우리는 나란히 무릎을 꿇고 손을 들고 있었다. 우리는 생일 선물 사오지 않았다고 화를 내는 사람이 어디 있냐며 구시렁댔다. 부모님이 대놓고 자식에게 바란다는 것이 우습게 느껴지기도 했다. 내가 우습게 생각한 그 일이 부모님께는 서운한 일이 된 것이다. 그런데 손을 들고 벌을 서면서 처음에는 화가 나기도 했지만 그 감정이 부모님께 미안한 감정으로 변화되더니 '부모님도 사람이구나.'란 생각에까지 미치니 불쌍하다는 생각이 들었다.

우리에겐 무조건 주기만 하셨는데 그것을 보상받을 수 있는 그날 엉성하게 만든 카네이션 하나 내밀지 않았으니 그것보다 더 큰 불효가 어디 있는가? 그것을 알게 된 이후 나는 자그마하게 부모님께 효도하려는 마음을 갖게 되었다. 부모님의 사랑과 비교하면 아무것도 아니지만 그것이 부모님의 얼굴을 환하게 만드는 것인 줄 작은 효도를 하면서 알았다. 그리고 부모님의 환한 미소를 보기 위해 효도도 하나씩 늘려갔다. 그리고 그 효도라는 것이 어려운 것이 아니라는 것도 알게 되었다.

엄마가 얼굴을 찡그리면서 고개를 돌리고 있으면 쑥스러워도 '어깨 주물러줘?'라며 가까이 가서 말벗이 되어 드린다. 설거지하기 싫다고 한숨을 푹푹 쉬면 엄마가 잠깐 집을 비운 사이 우렁각시가 되어 설거지를 말끔하게 해놓는다. 우리 때문에 하나씩 늘어나는 주름을 조금이라도 줄여드리고 싶다. 엄마를 좀 더 많이 웃게 하고 싶다. 이런 일이 부모님께는 커다란 기쁨이리라.

우리 집 식구들이 애정 표현에 서툰 것은 사실이다. 입 밖으로 '사랑해'라는 말 한마디가 얼마나 위안이 되는지 그걸 잘 모른다. 언니나 동생은 농담조차도 입 밖에 꺼내지 않는 말이다. 아빠도 가뭄에 콩 나듯 엄마한테 문자로 서툴게 이모티 콘을 보낸다. 그것도 일 년에 한두 번 정도이다. 그런 삭막한 가족들 중 그래도 내가 가장 많은 애교를 만들어내려고 애쓴다. 그래도 많이 부족하다는 것을 안다. 해도해도 끝이 없는 것이 효도니까 말이다.

얼마 전 나는 엄마에게 커다란 걱정거리를 안겼다. 초등학교 때부터 예고 문창과를 가겠다는 목표를 가지고 글을 썼다. 그런데 원서를 내는 날 예고를 가지 않겠다는 선언을 한 것이다. 엄마는 마른하늘에 날벼락이 떨어진 것 같은 표정으로 나를 설득하셨다. 하지만 나도 그런 결정을 하기까지 수없이 많은 생각을 했다. 그리고 인문계에 입학하여 배워서 쓰는 글이 아닌 나만의 개성이 살아있는 글을 쓰자는 생각을 했다. 엄마는 내 의견을 존중해 주셨고, 내 결정을 믿어 주셨다. 그리고 엄마와 더 많은 곳을 여행하고 더 많은 경험을 하자며 구하기 어려운 음악회 표를 구해 오셔서 오랜만에 엄마와 데이트를 했다. 엄마는 감동에 겨운 얼굴로 음악에 푹 빠져 감상하셨다. 나는 그런 엄마가 신기하여 힐끔힐끔 엄마를 쳐다보았다. 엄마가 하는 일은 집안일하며 우리를 키우시는 것이라 생각했었다. 엄마와 음악회는 거리가 멀다고 생각했었다. 난 엄마를 너무도 모르고 있었던 것이다.

"세정아, 엄마는 학교 다닐 때 피아니스트가 되고 싶었고, 작곡도 하고 싶었단다. 그런데 공부만 하느라 정말 하고 싶은 일을 하지 못했어."

"정말 엄마가 작곡가가 되고 싶었다고?"

"그래, 엄마는 너처럼 꿈이 있었던 적이 없는 줄 알았니?"

"그러니까."

"세정이는 엄마처럼 꿈을 버리고 살지 말고 꿈을 키워가면서 살았으면 좋겠다."

엄마는 내가 예고를 포기하며 상처받지 않았을까 걱정하고 계셨던 것이다. 엄마는 내 꿈을 존중하고 나의 꿈을 이루게 하려고 노력하시는데 나는 엄마가 무슨 꿈을 가지고 있는지도 몰랐고 엄마는 꿈조차 없었던 사람으로 알고 있었던 것이다. 내 꿈이 소중하듯 이제부터는 엄마의 꿈도 소중하게 키워드려야겠다는 생각을 했다.

음악회가 엄마와 나를 굉장히 가깝게 만들어 주었다. 오늘만큼은 엄마가 나와 같이 꿈을 꾸는 소녀처럼 느껴졌다.

|가작|

해외에 사는 불효 자녀들에게 드리는 편지

박경란

안녕하세요.
독일 베를린에 사는 불효녀 박경란입니다.

서강대 故 장영희 교수님이 돌아가시면서 자신의 엄마께 마지막으로 보낸 짤막한 편지를 그가 남긴 마지막 책에서 읽은 적이 있습니다. 죽음의 경험은 인생의 단 한 번, 가장 순수하고 깨끗한 시간이 아닐까 싶습니다.

엄마, 미안해. 이렇게 엄마를 먼저 떠나게 돼서…….
내가 먼저 가서 아버지 찾아서 기다리고 있을게.
엄마 딸로 태어나서 지지리 속도 썩였는데
그래도 난 엄마 딸이라서 좋았어.
엄마, 엄마는 이 아름다운 세상 더 보고
오래오래 더 기다리면서 나중에 다시 만나.

그의 글을 이제는 볼 수 없다고 생각하면 가슴 한켠이 아려옵니다.

하지만 딸을 먼저 보낸 어머니의 심정은 오죽할까 싶습니다. 가까운 이의 죽음을 목도한 것만큼 인생의 겸허를 느끼게 하는 순간은 없습니다.

"…… 너무 멀리 떨어져 있어 돌아가신 어머니께 전화로라도 마지막 인사를 하지 못한 것이 한이 됩니다."

독일에 살면서 친해진 어느 70대 파독 간호사의 눈물어린 호소입니다. 인생은 누구나 하나쯤은 크고 작은 상처를 보듬고 살고 있습니다. 지나온 세월의 흔적들은 가끔 삶의 의욕이 되기도 하지만, 때론 더 깊게 패인 상처의 우물을 만듭니다. 게다가 타향살이 속에서의 슬픔과 한은 몇 배의 무게감을 던져줍니다. 호락호락하지 않은 이국생활 때문에 부모님의 임종을 지키지 못하는 불효가 가장 큰 한(恨)이 아닐까 생각합니다.

우리 집의 느티나무와 같았던 아버지가 지난 해 12월, 하늘의 부르심을 받았습니다. 깔끔한 성격의 아버지는 돌아가실 때도 구차하게 어머니나 자식들에게 짐이 되긴 싫으셨던 것 같습니다. 깨어나기만을 간절히 고대했던 가족의 기대를 저버리고 중환자실에서 무의식 상태로 보름을 견디시다 유언 한 마디 없이 그저 먼 길을 총총히 떠나셨습니다. 독일에서 살고 있는 저는 그저 어머니를 통해 전화상으로 이야기를 들었을 뿐이었고, 끝내 아버지의 마지막을 지키지 못했습니다. 칠십이 넘은 아버지는 염증 치료 때문에 수술을 하셨다가 병원성 폐렴 때문에 안타깝게 삶을 마감하셨습니다. 부랴부랴 임종소식을 듣고 입관 예배라도 참여하려고 비행기를 탔고 기내에서 12시간 동안 얼마나 울었는지 모릅니다. 옆에 앉은 낯선 외국인 남자분이 '슬픈 일이 있었냐'고 위로할 정도였습니다.

어릴 때부터 몸이 약했던 저는 아버지의 아픈 새끼손가락 같은 존재였습니다. 자주 몸이 아팠던 저는 아버지가 손수 지어주신 한약을 먹고 자랐습니다. 불혹을 넘은 내가 아직까지 목숨을 부지하고 있는 것도 아버지의 정성 덕분일 것입니다. 아버진 자식인 내가 먼저 떠날까봐 늘 나의 건강을 위해 기도하셨습니다. 2006년 내 몸의 대장 부분에 악성종양이 있었을 때도 노심초사하며 물심양면으로 날 간호했습니다. 그런 아버지의 아쉬운 모습을 뒤로 하고, 2007년 남편의 직장을 따라 독일로 오게 되었습니다. 아버지는 이국만리 타향으로 떠난 딸에게 자주 전화를 걸어 안부를 물어왔습니다.

"절대 돈 아끼지 말고, 먹고 싶은 거 사먹고 건강해라."

지난 해 10월, 몇 년 만에 잠시 한국에 다녀올 일이 있었습니다. 부모님을 뵙기 위해 고향인 전남 고흥까지 내려갔고, 일정 탓에 겨우 하루 밤만 부모님 곁에서 잘 수밖에 없었습니다. 오랜만에 뵌 아버지의 얼굴은 유난히 병색이 완연해 보였습니다. 평소 당뇨병과 심장병을 앓고 계셨던지라 그러려니 생각만 했습니다. 물론 생활에 지장을 주는 정도가 아니었기에 그저 일상인 줄 알았습니다.

아버지는 막내딸인 날 자그시 쳐다보며 말씀하셨습니다.

"경란아! 아부지 오래 못 살 것 같아."

"아휴, 아부지 그런 말 마슈! 내가 보니 한 20년은 더 살겠네."

나도 모르게 아버지 앞에서 엄살 떨지 말라는 식으로 일축했습니다. 그날 저녁 식탁은 풍성했습니다. 오랜만에 한국에 온 막내딸을 생각해 어머니는 평소보다 더 맛있는 반찬을 준비하셨습니다. 독일 소시지와 고기에 질린 나에게 정성이 배인 토속음식은 맛깔스러웠습니다. 한마디로 상다리가 부러질 정도였지요. 하지만 정작 아버진 한 술가락도 뜨지 못하셨습니다.

"밥알이 모래알 같이 목구멍을 안 넘어간다. 반찬이 입에 영 안 땡기네."

"아부지, 이렇게 진수성찬을 두고 무슨 반찬 투정이랴! 젊었을 때의 버릇 좀 이제 고칠 때 된 거 아니에요?"

난 아버지를 타박하고 나섰습니다. 아버지는 그런 날, 물끄러미 바라보시더니 말없이 방으로 들어가셨습니다. 난 아버지의 등 뒤에 대고 소리를 질렀습니다.

"독일에서는 생선꼬리 보기도 힘들어요! 딸내미 못 먹고 사는 거 생각 좀 하세요!! 엄마가 맛있게 반찬을 했으면 잘 드셔야지. 이젠 밥투정 좀 그만하세요!"

하며 냅다 소리를 질렀습니다. 사실 아버지는 젊은 시절, 반찬투정을 잘 하셔서 엄마를 힘들게 하곤 했습니다.

다시 독일에 돌아와서 일상에 치이다 보니 한동안 전화를 못 드렸습니다. 두 달 후인 12월 1일, 어머니에게서 전화가 왔습니다.

"느그 아부지가 병원에서 수술하신다. 염증만 제거하는 작은 수술이니 걱정하지 말고……."

작은 수술이라는 말에 대수롭지 않게 생각했습니다. 다음 날 수술을 마친 아버지께서 직접 전화를 하셨습니다.

"경란아! 많이 보고 싶다. 사랑한다. 막내 딸! 너는 끈기가 있어서 뭐든 잘할 거다. 돈을 좇지 마라. 돈은 때가 있는 것이다."

아버지는 평소와 달리 '보고 싶다'는 말씀을 연달아 하셨습니다. 전 그때 그 말씀이 유언인 줄 몰랐습니다. 다음 날 아버지는 갑자기 의식을 잃고 중환자실로 가셨고 보름이 지난 후 생명줄을 놓으셨다고 합니다. 난 아버지가 중환자실에 계실 때도 다시 일어서실 거라 생각했습니다. 돌아가실 거라곤 꿈에도 생각을 하지 못했습니다. 평소에도 강한 분이셨기에 중환자실에 들어가셨어도 보란 듯이 금방 일어나실 거라 생각했습니다.

아버지가 돌아가신 후 한동안 구심점을 잃어버렸습니다. 이제 누가 날 격려해줄까. 전 아직도 아버지의 칭찬이 필요한, 연약한 인간입니다.

지금 아버지가 정말 그립습니다. 이제 12월이면 아버지가 돌아가신 지 1년이 됩니다. 아직도 당신이 보고 싶습니다. 그리고 아버지와 함께하지 못해 죄송합니다.

이국만리에서 부모님이 그리워 우는 불효 자녀분들!

부모님은 기다려주지 않습니다. 전화 한 통이라도 더 자주 드리세요. 그리고 가능하면 얼굴도 한 번 더 보여드리고요.

힘들어도 웃는 타향살이 하시기 바라요.

독일 베를린에서 여러분과 같은 불효녀 박경란 올림

|입선|

비료 30포대

이수정

바람이 몹시 부는 날이었다.

너무나 성급히 크게 확장시켰던 사업으로 몸도 마음도 힘들어하고 있을 때였다. 아버지가 텃밭에 뿌릴 비료 30포대를 사야 한다며 조심스레 전화를 해오셨다.

어수선하고 복잡한 일들로 지쳐있던 나는 그게 뭐 중요한 일이냐며 짜증을 내고는 전화를 끊어버렸다. 부모님께 소일꺼리로 몇 평의 땅에 채소나 가꾸시라며 마련해드린 터였다. 그리고 텃밭 주변에 별장도 지었다. 집안 어디에서나 바다가 한눈에 보이고 하늘창과 옥탑방도 있는 멋진 집이었는데 주말이나 휴가를 이용해 가끔 들러 놀다 가는 뒤도 돌아보지 않고 돌아오곤 했었다. 아버지는 우리가 놀고 간 자리에 들르셔 빈병이며 쓰레기를 치우시고는 다시 별장에 찾아 올 막내딸을 기다리며 흐뭇해하시곤 했었다. 딸이 부담해야 할 전기요금, 수도요금 아깝다며 정녕 자신은 일주일 두세 번 정도 밭을 가꾸실 때를 빼고는 집안에 들어가지도 않으셨다. 돈을 아끼시느라 제철 과일, 생선 한 마리 제대로 못 사드시고 새 옷, 새 양말 사다드리면 고이고이 서랍 속에 넣어두시고 바라만 보시던 분이셨다.

그러던 어느 날, 몸에 힘이 너무 없어 밭일도 외출도 못한 채 비료

사다놓고 일 못해 미안해하셨다. 연세가 있으셔서 기력이 떨어져서 그러리라 가볍게 넘겨버렸다.

며칠 후 아버지는 병원에 입원을 하게 되셨고 며칠 사이 얼굴과 몸은 눈에 띄게 수척해지셨다. 급성으로 온 당뇨와 폐가 안 좋다는 결과를 빼고는 다른 심각한 상황은 아니었는데 말도 안 되게 입원하신지 3일 만에 갑자기 세상을 떠나시고 말았다.

돌아가시던 저녁, 병원에 갔었던 내게 병원 밥이 잘 나온다며 자랑하시듯 밥 먹고 가라며 소박하게 웃으셨다. 그리고는 화장실에 데려다 달라시며 링거 대를 끌고 내손을 잡았다. 그런데 화장실을 가자시던 아버지가 화장실을 지나쳐 바깥 풍경이 훤히 내려다보이는 큰 창으로 천천히 걸어가시는 게 아닌가. 한참을 두리번거리며 바깥을 보시던 아버지가 나지막하게 쉬어버린 목소리로 내게 말씀하셨다.

"여기가 어데쯤 되노? 퇴원하면 버스 타고 집에 찾아갈라꼬 그란다. 느그 엄마한테 물어보면 택시 타고 가면 된다꼬 성낼끼고……. 막둥이 니가 좀 가르쳐줘봐라."

자식들 번거롭게 한다고 퇴원도 자신이 알아서 하리라 다짐한 듯 그렇게 말씀하셨다. 그런 모습이 더 싫어 엄마 말씀처럼 나도 아버지께 쓸데없는 소리 하시지 말라며 퉁퉁거리며 돌려세워 병실로 돌아왔다. 내 머릿속은 온통 내게 닥친 어려운 사업생각뿐 아버지의 행동이 귀찮게까지 느껴졌다. 그리고 마음 한구석에 아버지는 언제까지나 내 뒤에서 든든히 서 계시리라는 안일한 생각만 들뿐이었다. 천년만년 사시리라는 무모한 생각이었을까……. '며칠 있다 다시 올게요.' 형식적인 말을 하고 돌아서 와버렸다.

그리고 바람이 많이 불던 그날 밤, 나의 아버지는 건널 수 없는 강을 건너가셨고 사고도 지병도 아닌 어이없는 죽음 앞에 우리 가족은 뒤통수를 얻어맞은 듯 멍한 상태로 있었다. 고통과 허망함에 슬픔조차 느낄 수 없는 장례를 치렀다.

얼마간의 시간이 흘렀을 때 아버지 주변이 정리 되었고 통장에 남아있는 잔고는 자식들에게 상속권이 주어졌다. 상속이라고 하기엔 초라한 금액이었고 그것은 자식 넷 키워내며 자신을 위해서 한 치의 여유도 없이 평생 만원 버스에 시달리며 새벽일 나가셨던 내 아버지의 초라하지만 자랑스러운 통장이었다. 우리에게는 잔고가 아프고 아픈 돈이었다. 그 아픈 돈을 사업이 어렵다는 핑계로 이미 얼마를 쓰고 있던 터였다. 이자까지 쳐서 돌려드리겠다고 약속했었는데……. 상속받을 자격 없다며 위임장을 언니, 오빠에게 보냈다.

다음날 아침 일찍 일어난 나는 친정으로 달려가 아버지가 기르신 채소로 담근 김치에 밥 한 그릇 꾸역꾸역 밀어 넣고 돌아 나왔다. 깊은 그리움에 공허한 내 마음을 채우지 못해서 아버지가 가꾼 채소로 담근 김치라도 배 터지도록 먹고 싶었다.

가슴속에 뜨거운 무언가가 터진 듯 하염없이 눈물이 흘렀다. 슬픔을 넘어선 아픔이 가슴으로 느껴졌다. 자신의 몸 아픈 것보다 비싼 돈 주고 산 비료를 못 뿌리면 어쩌나 전전긍긍하시던 그 모습이 떠올랐다.

막내딸과 먹는 막걸리가 제일 맛나다며 익살스럽게 웃으시던 순박한 내 아버지. 힘든 상황에 있는 막내딸 걱정에 애꿎은 담배만 내내 피우시던 아버지……. 밥 잘 챙겨먹고 다니라며 볼 때마다 말랐다며 날 애처로워하시던 아버지, 주신 사랑의 몇 억 분의 일도 돌려주지 못한 못난 막내딸.

바람이 불었다.

별장에 들러 짐을 정리하다 서랍장에 들어있던 아버지 담배 세 갑을 보았다. 현관 모퉁이에 아버지의 곤색 장화가 보인다. 아버지의 장화를 신어본다. 장화를 신고 아버지의 밭으로 향한다. 고추, 정구지, 대파들이 슬픈 눈으로 나를 바라보는 건가 아니면 아버지의 곤색 장화를 바라보는 건가.

텃밭 한 모퉁이 비닐에 곱게 소중히 포장되어 있는 뿌리지 못한 한 편의 풍경이 되어버린 아버지의 비료 30포대가 보인다.

|입선| 대학부

가난한 난쟁이와 촌놈 아들

김시현

"지금 갈라꼬? 하마 시간이 이래 됐나."

고등학교 3년의 시절, 일요일이면 아버지께선 늘 흙투성이 몸으로 고무장화를 채 벗기도 전에 기숙사로 향하는 촌놈 아들을 마중했었다. 흙 묻은 주름진 손으로 촌놈 아들의 짐을 들어다 주시는 키 작은 농부 아버지. 긴 시간동안 굽이진 길을 가야 하는 버스 안에서 촌놈은 가만히 눈을 감았다. 그러면 괜스레 눈이 따끔거리곤 했었다.

가난한 농부의 아들로 태어나 어느덧 21년이라는 세월이 흘러 버렸다. 나날이 번져가던 녹색조차 차가운 바람에 날려 사라지고 앙상한 가지만 남아 허전한 이때, 아버지께선 목 디스크의 아픔을 참으며 거칠어진 손으로 밭에 너부러진 콩 줄기들을 베고 계신다. 내가 살아온 세월보다 더 긴 시간을 농사일에 매달리며 두 아들을 대학에 보내 놓고 뒤에서 묵묵히 '아버지'로서의 책임을 다하시는 당신. 고등학교 시절, 기숙사 생활을 하면서 새벽이 넘어서까지 책상에 홀로 남아 공부하고 있노라면 얼마나 당신의 품이 그립고 외로워했는지 차마 말로 표현할 수가 없다. 심지어 혼자인 게 힘들어 침대 베개를 부여잡고 울어 본 적도 있던 나였다. 그런데도 철없는 난 일주일에 하루, 집에서 가족들과 함께 보내는 날만 되면 왜 그렇게 당신께 무뚝뚝하게 대하고 화를 내며 매정하게 대했는지……. 어쩌면 농사꾼의 아들과는 어울리지 않게 내 꿈을 위한다는 명목으로 사립 대학교를 간 것도 그 때문일 것이다. 그러나 내게는 가슴 깊은 곳에 응어리져서 평생을 가도 삭여지지 않을 슬픔으로 아버지께 한 없이 죄송스러웠던 기억이 있다.

"요즘 옷 중에 10만 원 안 넘는 옷이 어디 있다고 그래요?"

고등학교 1학년 겨울, 한 유명 옷가게에서 빈손으로 나온 내가 아버지께 던진 차가운 첫마디였다. 오리털이라고 자부하며 누렇게 색이 변한 하늘색의 점퍼를 걸친 아버지의 입에선 끝내 아무 말도 없었다. 당당히 문을 열고 들어갔다가 대롱대롱 걸린 가격표를 보고 조용히 발길을 돌린 것도 지금까지 벌써 다섯 번째였다.

"돈을 충분히 가져오시긴 한 거에요?"

시내 한복판에서 나는 다시 아버지를 몰아 세웠다. 아버지는 발끝만 내다보시며 기어코 내 불만을 못 들은 척하고 다른 옷가게를 향해 발걸음을 돌리셨다. 무기력하게 가게 문을 열고 들어가는데 다행히도 마음에 드는 검은색 점퍼를 발견한 나는 곧장 달려가 가격표부터 확인했다. 17만원. 지금껏 돌아다니면서 본 다른 옷들에 비해 비교적 싼 편이기에 점원에게 내 사이즈를 말하려는데 옆에 묵묵히 서 계셨던 아버지의 표정이 영 밝지 않다는 걸 느꼈다.

"야야, 그냥……. 옷, 다음에 사면 안 되겠나?"

순간 겨드랑이의 땀 냄새가 코를 찔렀고, 입 속에서 퍼져 나오는 지독한 담배 냄새와 섞여 아버지의 나지막한 음성이 내 귀를 때렸다. 갑자기 화가 치밀어 올라왔다. 이제까지 옷 하나 사려고 고생한 난 뭐란 말인가. 가게 문을 박차고 나가려는데 하필 그때 건너편에서 친구 녀석이 누나와 함께 양손에 옷을 사들고 가는 게 보였다. 참았던 눈물이 핑 돌았다. 아무리 촌에서 밭을 갈구며 농작물을 키워도 이정도 돈조차 없다니……. 돈이 없는 가난한 촌놈은 웃으며 지나가는 친구의 뒷모습만 보며 속상하고 억울해야만 했다. 그 때 축 처진 내 어깨 뒤로 지갑을 확인하시는 아버지께선 14만 원이라는 돈을 주머니에 꾸깃꾸깃 집어넣고 계셨다.

다음 날, 아버지와 말 한마디 하지 않은 채 기숙사 갈 준비를 하고 있던 나에게 아버지께선 어제 일이 마음에 걸리셨는지 30분이 넘는 거리를 태워주겠다며 차 열쇠를 챙기고 계셨다. 그때까지도 나는 가난한 아버지를 원망했고 농부의 아들로 태어난 나 자신을 부끄러워했다. 나는 인사도 없이 차에서 내려 곧장 기숙사 안으로 뛰어 들어갔다. 되돌아가는 아버지의 흙 묻은 흰 트럭을 끝내 돌아보지 않았다.

없이 자란 녀석은, 있는 녀석들에게 당당히 '우리 아버지가 이런 분'이라고 소개시켜 줄 용기가 나지 않았다. 그렇게 기숙사에 들어와 혼자만의 시간을 갖게 되니 공부가 잘 될 리 없었고 자꾸만 여러 생각이 떠올랐다. 한 평 남짓한 기숙사 침대에 홀로 누워 잠을 청하려 할 때에도 내가 했던 행동이 얼마나 철이 없고 바보 같았는지 이불을 덮어쓴 얼굴에 자꾸만 눈물이 흘렀다. 매일 새벽이면 밭에 나가 나무를 베고, 차가운 바람과 내리쬐는 햇볕에 맞서 빨갛게 살갗을 태우며 자식이라는 희망을 붙잡고 하루하루를 버티며 사는 아버지의 모습이 자꾸만 눈에 아른거렸다. '아버지의 마음을 헤아리기에는 난 아직도 멀었구나.'하는 생각에 눈이 따끔거려 도저히 잠을 청할 수가 없었다. 그렇게 뜬 눈으로 밤을 지새운 다음 날, 점심을 먹고 다시 혼자 방안에 남아 죄책감에 일기를 쓰고 있는데 기숙사 스피커에서 내 이름이 들렸다.

"김시현, 김시현. 감독실로 내려와라."

'설마'하는 마음에 나는 듯 계단을 뛰어 감독실로 갔고, 역시나 내가 사고자 했던 바로 그 옷이 빨간 봉지 안에 고스란히 담겨 있었다. 나는 당장 그 봉지를 들고 현관으로 뛰어 내려갔다. 농사꾼 난쟁이 아버지, 당신이 계셨다. 곳곳에 흙이 묻은 흰 트럭 안에서 나를 보며 미소 지은 채 앉아 계셨다. 코끝이 찡해졌다. 참았던 눈물이 왈칵 쏟아졌다. 고개를 들 수가 없었다. 왜 우냐고 위로하는 아버지. 나 때문에 분명 당신도 가슴앓이 해왔음이 틀림없었다.

"옷 안 사주셔도 되는데 왜 사오셨어요."
"추운데 사 입어야지, 한번 입어봐라."

고개 숙여 우는 나를 아버지께선 그 새 옷으로 덮어 주셨다. 늘 흙 속에 파묻혀 사시는 아버지가 미워서 피했던 나 자신이 혐오스러워서 나는 맑은 하늘 아래 울고 또 울었다. 눈물로 범벅이 된 그날, 내 일기장에는 분명히 이렇게 쓰여 있었다.

'올해 겨울은 유난히 따뜻하다. 아버지와 함께 하기에 춥지 않다. 오늘따라 유난히 아버지의 거친 손과 담배 향이 그립다. 보고 싶다.'

사랑하는 나의 아버지.

못난 촌놈 아들은 21년이 흐른 지금에서야 바보 같은 당신의 사랑을 다시 한 번 새삼 깨닫게 되었다. 하나 둘씩 빠지는 머리카락과 한 줄 한 줄 늘어나는 얼굴의 주름, 아픔을 참으며 억지로 이겨내는 목디스크, 나뭇가지와 풀에 베어 굳어진 온 몸의 핏자국들을 보면서 아버지께서 얼마나 우리 두 아들을 위해 힘들게 일하시는지 알게 되었다. 마음이 무겁게 가라앉으면서 둔탁한 아픔이 느껴진다. 구부정한 노인처럼 유난히 작고 초라해 보이던 아버지의 뒷모습이 더 이상 작아 보이지 않는다.

이제야 당신이 자유롭지 못했던 이유가 바로 나였음을 알 것 같다. 아버지가 자유롭지 못한 이유, 생활 속에 매몰된 채 하루하루를 소모하는 이유, 외로움을 속으로만 삭이는 이유, 그 이유는 바로 '나'였다. 나와 형, 어머니에 대한 사랑과 책임감 때문이었다.

아버지, 위대한 나의 농부 아버지……. 삶의 고단함에 매일같이 담배를 입에 물고 거친 숨을 내뱉는 외로운 우리 아버지……. 이제 나는 아버지께 아무것도 바라는 게 없다. 그저 내가 훌륭하게 커서 아버지를 호강시켜 드릴 수 있게, 지금처럼 웃으면서 오래오래 함께 있어주시기만 바랄 뿐이다. 아버지가 있기에 지금의 내가 있는 것이다. 당신의 은혜를 갚을 수 있게 부디 기다려주시길…….

오늘 밤 나는 몇 년 만에 골목길을 따라 아버지 마중을 나갈 것이다. 할 말은 길어진 그림자 뒤로 묻어둔 채 우리 두 사람은 손잡고 세월 속으로 걸어갈 것이다. 그리고 당당히 외칠 것이다.

"아버지, 사랑합니다."

|입선|

길

정순옥

"저승에 가면 엄청나게 큰 나무가 있어야. 그 나무에는 이 세상 사람들 이름표가 붙어 있는데 이름표를 들여다보면 그 사람이 걸어온 길이 보인다는구나. 사람이 죽어 다시 이 세상으로 오는 것을 환생이라고 하는데 그때 저승사자가 나무로 데려가 태어나고 싶은 이름표를 고르라고 한단다. 그러면 너는 워떻게 허겄냐? 당연히 살아 있을 때 부러웠던 사람의 이름표를 고르겄지? 그런디 그 이름표를 들여다보면 그 사람이 걸어왔던 길도 마땅치가 않은 거여. 다른 이름표를 봐도 마찬가지고. 그려서 결국 자기 이름표를 떼어 이 세상으로 나온다는구나. 그러니께 지금은 힘들고 어려워도 지나고 나면 좋다는 것을 알게 되는 거여."

문득 아버지가 보고 싶어진다. 생전에 입버릇처럼 하셨던 말씀대로 아버지는 다시 당신이 걸어왔던 길을 택하셨을까?

여름이 채 끝나기도 전에 찾아와버린 가을에 자꾸 하늘만 바라보게 된다. 답답한 마음에 창문을 여니 어제보다 조금 더 높아진 하늘에 눈이 시려진다. 저 멀리 보이는 산의 나뭇잎들은 고운 빛으로 물들어 가는데 아침이면 찾아오는 이 적막함이 싫어진다. 잠시라도 손을 놓고 있으면 머릿속은 온통 여기저기 꿰어 맞춰야 하는 구겨진 계산으로 정신이 없고 불안해지기까지 한다. 세월이 흐르면 다 좋아진다는데 끝이 보이지 않는 경제적인 어려움에 몸이 지치고 마음도 지치고 이제는 가끔씩 멍해질 때도 있다. 한 해 두 해 세월이 흐르면서 열심히 생활한다는 것과 잘 산다는 것은 아무런 관계가 없다는 것을 절감하게 된다. 그러니 가을이 왔다고 해도, 딸아이가 국화꽃잎을 한 움큼 주워왔다고 해도 살갑게 웃어줄 마음의 여유가 없었다.

"엄마, 이것 좀 봐."
"아니, 이게 다 뭐야?"
"응, 학교에서 집에 오는 길에 아파트 입구에서 주웠어. 봐, 아직도 향기가 나잖아. 엄마도 맡아봐."
살짝 열리는 아이의 손바닥에는 국화꽃잎이 가득 담겨있었다.

"됐어. 이런걸 뭐 하러 주워오니? 쓰레기만 되지. 당장 갖다 버려."
"엄마……."
"빨리 갖다 버리지 못해? 다 떨어진 꽃잎은 뭐 하러 주워 와, 주워 오길. 누가 너한테 그런 거 주워 오라고 했어?"
퉁명스러운 내 말에 아이는 민망스러워 두 손을 어쩔 줄 몰라 하더니 금세 눈시울이 빨개져서 방으로 들어가 문을 닫아 버렸다. 그리고 오늘 아침, 학교에 갈 때까지 나는 나대로 아이는 아이대로 아무 일도 없었던 것처럼 행동했지만 자꾸 마음 한 구석이 무거웠다.

경제적으로 힘들다는 이유만으로 아이의 마음을 따뜻하게 안아주지 못한 것이 내내 마음에 걸려 있었기 때문이었다. 그렇지 않아도 마음이 뒤숭숭한데 아이의 빨개진 눈시울이 떠오르자 나는 자리에서 일어나 집안을 정리하기 시작했다. 안방, 아이들 방, 거실, 부엌, 목욕탕까지 청소하고 나서도 무엇인가 손을 움직여야 할 것 같아서 신발장을 정리하기 시작했다. 여름 신발은 닦아서 집어넣고 가을에 신을 신발들은 꺼내놓고 작아진 신발은 한쪽으로 빼 놓고, 사서 한 번도 신지 않은 신발은 아까워서 버리지도 못하고 다시 집어넣고…….

그러다가 한쪽 구석에 테이프로 꼭꼭 싸매둔 작은 상자를 발견했다. 궁금한 생각에 열어보니 투박하고 못생긴 검정 구두가 담겨 있었다. 내가 작은 아이만 했을 때 아버지께서 만들어 주셨던 그 모습 그대로인 검정 구두를 보자 갑자기 코끝이 싸해지면서 눈앞이 흐려졌다.

어느새 돌아가신지 햇수로 20여 년이 다 되어가는 아버지, 그동안 하루하루 생활이 힘들다보니 아버지의 얼굴을 까맣게 잊고 있었다. 한평생 작은 구둣방에서 구두를 만드셨던 아버지는 어린 나에게는 거인 같은 존재였다. 구두를 만드느라 거칠어진 손만큼이나 무뚝뚝했던 아버지는 막내였던 나를 유난히 귀여워해 주셨다. 본을 떠서 가죽을 잘라 풀로 붙이고 망치질하는 아버지 곁에서 나는 자투리 가죽으로 소꿉장난을 하며 시간을 보냈고 가끔씩 아버지를 졸라 하얀 눈깔사탕을 사먹기도 했었다. 나는 그런 아버지를 보며 '난쟁이와 구둣방 할아버지'라는 동화가 생각났고 언젠가는 아버지 구둣방에도 난쟁이 요정들이 찾아와 부자가 될 것이라는 믿음을 갖게 되었다.

아버지의 구둣방에는 작은 다락방이 있었다. 다락방이라고 해봐야 두 사람이 겨우 누울 정도로 좁았고 앉을 수 있는 공간밖에 되지 않았다. 구둣방의 천장이 높은 것을 이용해 겨우 사람이 앉을만한 공간을 두고 널빤지를 끼워 만든 것으로 구두 진열장 뒤로 올라가는 사다리가 있었다. 가끔씩, 특히 겨울에 시간이 너무 늦어 집에 갈 수 없는 날이면 아버지와 어머니는 그곳에서 주무셨는데 그런 날이면 나는 새벽녘까지 졸린 눈을 비비며 난쟁이 요정들을 기다리다 잠이 들곤 했었다. 그곳에 누우면 한 사람 정도 드나들 수 있는 구둣방의 작은 출입문과 마주할 수 있었다.

아버지께서는 내가 학년이 올라갈 때마다 내 발에 새 구두를 신겨 주셨는데 한 번은 치수를 잘못 재어서 다 완성한 구두를 신어보니 너무 작아 신지 못하게 되었다. 그렇다고 다시 구두를 만들만큼 형편이 넉넉한 것도 아니어서 나는 새 검정 구두를 툇마루에 모셔 놓고 구두

앞부리가 헤져서 다 벗겨지고 작아서 발이 움츠러들 때까지 신고 있던 구두를 한 해 더 신어야 했다. 그래도 툇마루에 반짝이는 새 구두를 보며 마음을 달래곤 했었다. 그후에도 나는 새 구두가 아까워 버리지 못했고 마치 소중한 보물이라도 되는 것처럼 계속 지니고 다녔다.

그렇게 한평생 구두 만드는 일밖에 모르시던 아버지는 가끔씩 저녁나절이면 내 손을 잡고 가게 가까운 공원에 가시곤 했었다. 구두가 망가진다고 놀 때는 벗어 놓고 놀고 있으면 아버지는 구두 속에 나뭇잎을 가득 담아 놓거나 때로는 자갈을 가득 담아 놓으셨고 나는 그것들을 가지고 돌아와 시간 가는 줄 모르고 놀곤 했었다.

아버지는 눈이 잘 보이지 않을 때까지 구두를 만드셨지만 난쟁이 요정들은 찾아오지 않았고 그 흔한 여행 한 번 가보지 못하신 채 돌아가시고 말았다. 그래도 내 마음속에 아버지는 힘들고 어려웠던 모습보다는 내 구두 속에 사랑을 가득 담아주셨던 따뜻한 모습으로 남아있다. 어쩌면 난쟁이 요정은 힘들고 어려웠던 생활 속에서도 따뜻한 마음을 가지셨던 바로 아버지 자신이었는지도 모른다.

나는 검정 구두를 꺼내 먼지를 닦고 신발장 위에 올려놓으며 뾰로통한 아이의 얼굴을 떠올렸다. 시계를 보며 집안을 대충 치우고 나서 아이의 학교 공부가 끝날 시간에 맞추어 집을 나섰다. 손에 들려 있는 지갑 속에는 달랑 천 원짜리 지폐 서너 장 밖에 들어있지 않았지만 내 마음 속에는 작은 화분을 들고 마냥 좋아할 아이의 웃음으로 넉넉한 부자가 되어 있었다.

파아란 하늘에 아버지 웃음과 똑같은 난쟁이 요정들의 웃음소리가 들리는 것 같아 자꾸만 하늘을 쳐다보았다.

|입선|

틀니 外 2편

김부조

오래전이었다는,
이미 오래전이었다는,
어머니의 틀니를 처음 본 것은
상경하신 날 밤이었습니다.

몰랐습니다.

떳떳한 변명이었지만
묵은 타향살이의,
나의 굳은살과 맞닥뜨린 어머니는
아무 말씀이 없으셨습니다.

틀니는 낡음이 아닌

늙음의 증표일 뿐이라는,

그날 밤,
여독(旅毒)을 풀어내는
어머니의 머리맡에서
분신처럼 함께 잠들어 있던
낯선 틀니.

정말 몰랐습니다.

지천명이 무색한 나는
구린 잠꼬대로 밤새,
낡고 있었습니다.

노인 요양원

한 달에 백만 원,
망각의 강을 건너는
뱃삯입니다

사공 잃은 나룻배에
저마다 사공이 되어,
시퍼런 강물에
눌어붙은 아픔만큼 노를 적시고,
권태로운 뱃멀미에 짓눌려
허름한 난간을 부여잡아도
내 아들이 효자요,
내 딸이 효녀요

배가 산을 덮쳐도
배가 들을 할퀴어도
짙은 침묵으로 화답하는
너그러운 마무리

하얀 페인트에
고요한 병동

한 달에 백만 원입니다

간이우체국에서

번호표를 뽑고
대기석에서 잠시
어머니와 만났다

이번에는 홍삼캔디를 좀
넉넉히 넣었습니다
양갱도 몇 개
더 넣었습니다

그런데 어머니 이제,
자식 자랑은 그만 하셔요

깨지기 쉬운 물건인가요?
아니오
배송비는 선불인가요?
물론이죠

그런데 잠시만요,
도로 주시겠습니까?

아무래도 홍삼캔디와
양갱을 조금 더
넣어야 할 것 같다

함종선씨에게

도은별

안녕하세요, 함종선씨? 혹은 우리 엄마!

제가 오늘 당신의 성함을 부르고 당신에게 평소 안 쓰던 존칭을 쓰려는 이유는 오늘만은 당신을 '내 엄마'나 '도영호씨의 아내'가 아닌, 당신 그 자체로 보려 하기 때문입니다.

제가 처음 당신을 만난 건 1996년 6월 7일이었습니다. 저는 처음 느껴보는 세상에 어쩔 줄 모르며 본능 그 자체로 존재하였고, 당신은 아마 자신이 잉태했던 생명이 세상에 처음 나오는 감동의 물결을 느끼고 있었겠지요. 하지만 제가 당신의 자궁 안에 존재할 때는 당신의 고초를 잘 몰랐습니다. 17년이란 시간이 흐른 후에야 드라마를 보며 당신이 하신 말씀을 듣고 깨달았지요. 임신한 아내를 두고 일을 그만 두라는 남편과 일을 더 하고 싶다는 아내가 다투는 장면이었습니다.

"너, 저거 진짜 아닌 거 알지? 현실에서는 많은 임신부들이 일하고 싶지 않은데 어쩔 수 없이 일하는 경우가 많아."

당신이 무심코 던진 말에 전 이렇게 물었었죠.

"엄마가 그랬어?"

"그럼. 너 낳기 직전 전까지 계속 돈 벌러 다녔지."

제가 태어날 무렵 당신은 대학원에 다니고 있었고 아빠는 특별한 직업이 없으셨죠. 저를 임신한 당시에도 당신은 생계를 책임지느라 제가 태어나가 직전까지 학생들을 가르치는 일을 하셨다고 들었습니다. 당신은 탯줄로 당신의 양기를 저에게 내어주시며 얼마나 힘든 길을 걸으셨을까요. 당신이 무거운 몸으로 돈을 벌 때에 제가 해드릴 수 있었던 것은 고작 발차기 몇 번으로 제 자신의 존재를 알리는 것뿐이었습니다. 아! 17년이란 길고도 짧은 시간동안 전 당신에게 얼마나 많은 불효를 저질렀는지요.

때는 2006년 봄쯤이었습니다. 저는 아직 11살이었고 6년 전이니 당신도 40대를 막 시작하고 계셨겠군요. 그때 당신은 외국에 나가 연구할 기회가 생겼고 저도 설레는 마음으로 아무것도 모른 채 당신을 따라갔습니다. 하지만 타지에서의 생활은 그닥 녹록치 않았습니다. 당시 미국의 제 또래 아이들은 딱히 저에 대한 반감이 없었습니다. 오히려 제가 그들에게 반감을 가졌다는 게 더 맞겠지요. 그들은 절 싫어하지 않았으나 절 친구로 맞이할 생각도 없었고, 그렇게 혼자 떠돌아다니는 시간이 길어지자 오히려 제가 그들을 멀리했습니다. '그래, 내가 너희를 따돌릴 거야!'라는 어린 심보였을까요. 하지만 그럴수록 제 마음은 멍들어갔고 그 스트레스를 풀 대상은 당신밖에 없었습니다. 학교에서 '다마고치'라는 게임기가 유행하던 어느 날, 저는 하교하여 집에 오자마자 당신에게 울먹이면서 말했습니다.

"엄마, 나 다마고치 사줘. 여기 애들은 다 다마고치 한단 말이야."

"무슨 다마고치야, 갑자기. 안돼."

"다마고치 때문에 애들이랑 못 친해지겠단 말이야!"

"………"

전 다마고치를 원망했지만 그건 사실 당신을 원망한 것이나 마찬가지였습니다. 당신은 한동안 말이 없었고 전 울음을 그치기에 바빴습니다. 그리고 다음날, 당신은 제게 다마고치를 사주셨지만 상황은 더 나아지지 않았고, 어린 저에게 그것은 또 한 번의 상처였습니다.

그곳에 체류하는 동안 저는 솔직히 당신을 많이 원망했습니다. 하지만 '솔직히'라는 말을 언급하지 않아도 전 당신에게 충분히 외쳤지요. 날 왜 이런 곳에 데리고 왔냐고. 하룻밤도 눈물을 흘리지 않은 날이 없었습니다. 제 마음이 병들어갈수록 당신은 더욱 더 병들어 갔습니다. 머나먼 남의 땅에서, 사실 의지할 곳 없는 건 당신도 마찬가지였는데 말이지요. 우리 둘 다 의지할 곳은 서로밖에 없었지만, 저는 당신에게 오롯이 의지하면서도 제가 얼마나 힘든지 당신에게 보여주려 발악했었습니다. 어쩌면 제가 힘든 만큼 당신이 힘들어야 한다는 생각이 있었는지도 모릅니다. 하지만 당신은 자라오면서 거의 고아로 자라다시피 하셔서 그런지 힘든 기색을 보이시지 않으셨습니다. 혹은 저에게 힘든 모습을 보여주기 싫어서 그러셨는지요. 당신은 항상 웃고 밝은 모습만 제게 보여주셨습니다. 힘든 타지생활에 당신은 저를 위해 여행을 다니시며 제게 멋있고 좋은 것만 보여주시려 노력하셨지만, 자기 연민에 빠진 연약했던 저는 그마저도 싫었지요. 그때 다닌 여행들을 제가 지금의 마음으로 즐겼으면 얼마나 좋았을까요. 41세의 당신과 그런 아름다운 곳을 함께 즐기지 못한 것이 저는 후회가 됩니다.

그리고 현재 이야기를 해볼까요. 2011년 겨울, 당신은 정말 힘들었습니다. 사실 지금에 와서 알게 되었지 당시 저는 고등학교 입시 준비로 다른 일에 신경 쓸 겨를이 없었습니다. 하지만 그렇지 않았더라도 저는 당신의 고통을 한 귀로 듣고 흘려보냈을 겁니다. 당신은 제게 어쩌면 신 같은 존재였습니다. 제가 아무리 반항하고 제 멋대로 굴어도 늘 한곳에서 나를 사랑해주고 받아주는 그런 존재. 당신은 항상 지혜로웠고, 당신이 하는 결정은 무조건 옳아보였으며 당신의 태도와 표정엔 항상 자신감이 넘쳤습니다. 하지만 그런 당신에게도 위기가 왔지요. 직장 상사와의 좋지 않은 사건들 속에서 당신은 결국 해고를 당했습니다.

그 무렵의 어느 날, 저는 당신의 우는 모습을 처음 보았습니다. 설령 그 모습이 처음이 아니었더라도 제겐 처음이라 할 수 있을 만큼 큰 충격이었습니다. 그토록 강한 사람이 눈물이라니요. 당신의 자신감은 바닥에 떨어졌었고 전 어쩔 줄 몰라 했습니다. 그래서 전 아무것도 하지 않았습니다. 충격이었을까요, 무관심이었을까요? 무관심, 그래요 무관심 같습니다. 당신은 지금까지 잘 해왔고 그때도 그럴 것이라고 전 생각했지요. 힘들다고 고백해오는 당신에게 저는 비겁하게 같이 울어주지도 못했고 당신을 제대로 달래주지도 못하였습니다. 전 지금 당장 등록비와 생활비를 걱정했습니다. 이런 제게 실망하셨지요? 죄송합니다. 그때 저는 저 자신밖에 알지 못했고, 지금도 그러하다시피 남을 잘 달래주지도 못합니다.

그리고 2012년 초부터 당신은 저 멀리 있는 김천에 가서 일을 하게 되었고, 이미 당신의 자존심은 많이 하락한 상태였지요. 주말에야 겨우 3시간동안 KTX를 타고 올라와 딸을 볼 수 있는 처지는 말할 필요도 없구요. 제가 당신의 소중함을 알게 된 건 이 때부터입니다.

당신이 가족과 떨어져 김천에서 생활한 지도 벌써 1년이란 시간이 다 되어 갑니다. 사실 저는 당신 없이 생활하는 게 마냥 나쁘지만은 않습니다. 나에게 '이건 옳고 저건 그르다.'라고 말해주는 사람이 없기 때문에 나 스스로 생각을 더 많이 하게 되었기 때문이지요. 생각을 더 많이 하자 저는 당신을 더 많이 이해하게 되었고, '함종선'이라는 여성을 존경하게 되었습니다. 그리고 '그립다', '보고 싶다'라는 감정도 배우게 되었습니다. 당신은 제가 혼자 집에 있을 때 당신 살결 냄새만 생각해도 코끝이 찡해지는 것을 아시는지요. 당신이 가고난 뒤 일요일 밤에 당신 없이 보는 '개그 콘서트'는 그다지 재미있지 않습니다. 그 동안 당신과 함께 본 수많은 '개그 콘서트'를 저는 왜 소중히 보내지 않았을까요. 사람이 다른 한 사람을 어떤 식으로든 사랑한다는 게 이런 느낌인지 알게 해주셔서 감사합니다. 하지만 제가 당신을 그리워한다고 너무 가슴 아파 하지 마세요. 저는 오히려 당신이 걱정됩니다. 저는 집에 오면 강아지도 있고 아빠도 있지만 가족과 떨어져 생활하는 당신은 얼마나 외롭고 힘드실까요. 일이 끝나고 집에 돌아가 문을 열고 불이 꺼진 방 안을 아득히 바라보는 당신을 생각하면 제 마음이 너무나 아픕니다. 제가 느끼는 감정을 당신이라고 안 느낄 리가 있겠어요? 당신은 47세 여성일 뿐인 걸요. 당신도 제 생각에 이유 없이 눈물을 흘리신 날이 있으시겠지요. 제가 당신을 알아간 시간보다 당신이 절 안 시간이 훨씬 길기 때문일 것입니다. 저는 제가 누군가에게 그런 존재가 된다는 것 자체가 너무 감사하고 미안할 뿐입니다.

저는 이제 몇 마디 말로 당신에 대한 저의 사랑과 당신이 저를 생각하는 사랑을 담은 이 편지를 끝내려 합니다. 당신은 대단한 분이십니다. 제가 당신만큼의 어머니가 될 수 있을 거라고는 조금도 상상할 수 없습니다. 인간으로서 사랑해야 할 이 모든 것들을 제게 선사하신 당신께, 전 제 남은 모든 사랑을 드리고 싶습니다. 하지만 저는 그 사랑에 '효'라는 이름을 굳이 붙여야 하나라는 생각이 듭니다. 그저 사랑인 걸요. 세상엔 에로틱한 사랑, 아가페적인 사랑 등 많은 사랑의 이름이 있지만 그 무엇도 정말 사랑의 감정에 비할 수 없습니다. 사랑을 '효'라는 이름으로 부를 때 그것은 의무감이라는 무게가 더해지지요.

당신과 저의 사랑은 주고받기가 아닙니다. '당신이 이만큼 나에게 해주셨으니 난 이만큼 해드려야지.'라는 마음으로 효심을 갖는다면 그건 제가 당신에게 갖는 사랑을 충분히 표현하지 못하는 것입니다.

장황한 얘기를 한 것 같습니다만 제가 하고 싶은 이야기는 단 하나입니다. 함종선씨, 저 도은별은 당신을 너무나도 사랑합니다. 당신에게 '효도'를 하고 싶은 마음보다는 당신을 인간으로서 보듬어주고 싶고 당신이 제게 최고만을 선사해 주셨던 것처럼 제가 해드릴 수 있는 최선만을 해드리고 싶습니다. 더 이상은 6년 전의 어느 날처럼 당신에게 모든 것을 떠맡기지 않겠습니다.

어느 한 딸이.

|입선| 초등부

그 누구 것도 될 수 없는 이유

김진희

울 엄마는 보송보송 솜사탕 같아요.
엄마 품은 솜사탕처럼 폭신폭신하고 부드럽거든요.

울 엄마는 새콤달콤 막대사탕 같아요.
언제나 맘속에, 맛있는 사탕처럼 맴돌거든요.

울 아빠는 거칠거칠 사포 같아요.
아빠 얼굴은 사포처럼 까끌까끌하거든요.
울 아빠는 깊은 감동 주는 한권의 책 같아요.
눈으로 훑어보기만 해도 맘속 깊이 파고들거든요.

우리 엄마 아빠는 아무도 몰래 숨겨놓은 금은보화에요.
내가 가장 아끼고 사랑하거든요.
엄마 아빠는 내가 아니면 그 누구 것도 될 수 없어요.
나도 엄마 아빠가 아니면 그 누구 것도 될 수 없어요.
왜냐면요, 서로 정말 많이 사랑하기 때문이죠.

미운 아버지였다.
그렇지만 핏줄에 대한 미움만큼
끈질기지 못한 게 있을까.
물론 용서라는 것은
단순히 미움에서 벗어나는 게 아니라
더 너그럽고 뜨거운 무언가를 안고 있는 것이다.
하지만 미움을 비우는 것이
그 자리에 애정을 채우는 계기가 될 수도 있다.
아니, 나는 아버지에 대한 감정을
순수한 미움으로 채우려고 늘 노력했지만,
그것은 미움에 이미 애정이 섞여있다는 걸
느끼고 있었기 때문일지도 모르겠다.
이제 내 안에 흐르는
뜨거운 핏줄에 충실해지는 일만 남았다.

제1회~제5회 효사랑 글짓기 공모전 수상작

|대상| 대학부

미운 아버지

유효진

웃으며 어린 시절을 기억하는 사람에게 나는 질투심을 느꼈다. 그가 봄이 되어 부모님과 종묘 앞에 피크닉을 갔다 온 일, 동생과 정답게 손을 잡고 마을을 산책한 일을 즐겁게 말하다 하찮은 이야기를 했다며 겸연쩍게 웃을 때 나는 얼굴이 굳어졌다. 그가 "너의 어린 시절은 어땠니?"라고 물으면 나는 힘겹게 "너와 다를 바 없었지."라고 말했다. 사실 어린 시절에 대한 기억은 목욕탕의 김 서린 거울처럼 뿌옇기만 하다. 맨손으로 거울을 세게 문지르면 늦은 밤 이불 속에서 곰 인형을 안고 떨고 있는 내가 보인다.

이불은 나를 세상의 모든 무시무시한 것들로부터 보호해줬다. 머리를 바닥에 쿵쿵 찧으며 돌아다니는 홍콩 할매 귀신, 밤 12시가 되면 들리는 시계의 자지러지는 듯한 비명소리, 비명소리를 듣고 '으히히히'하고 나타나는 눈깔 허연 처녀 귀신, 12시가 한참 지나고서야 들리는 아버지의 둔탁한 발소리 같은 것들로부터……. 머리카락 보일까

봐, 조금이라도 움직이면 귀신이나 아빠가 잡아갈까봐, 나는 꼭꼭 숨었다. 꽉 닫힌 문틈으로 뾰족한 빛과 술 취한 아버지의 날카로운 말들이 어떻게든 삐져나왔다. 귀를 막고 싶었다. 아버지가 더러운 오물과 같은 말들을 어머니에게 끼얹는 것을 참을 수가 없었다.

그러나 나는 들어야 했다. 독과 같은 말들을 간신히 듣고 견뎌내며, 같이 아버지를 증오함으로써 어머니를 혼자 두지 말아야 했다. 또한 나는 아버지가 화가 나서 어머니의 목을 조른다든가, 가볍게 밀쳤는데 어머니가 머리를 책상 모서리에 부딪친다든가 하는 온갖 불길한 상상을 하였다. 나는 그들의 대화를 감시했다. 아버지가 어머니를 죽이려 할 때 뛰쳐나와 어머니를 지켜야하는 사명을 갖고 있었다. 하지만 막상 그럴 일은 없었다.

아버지의 목소리에 지친 기색이 느껴질 즈음 묵직한 잠이 나를 찾아왔다. 어머니가 죽을지도 모른다는 망상은 꿈에서도 이어져 나는 어머니가 차에 치이거나, 죽을병에 걸리는 꿈을 꾸다 눈물을 흘리며 깨어나곤 하였다. 꿈에서 어머니는 돌아가시기 전 꼭 "효진아! 효진아!"하고 내 이름을 절박하게 부르셨다.

날이 밝았다. 어머니는 언제 일어나셨는지 내 도시락을 싸고 있었고 아버지는 괴물처럼 쌕쌕거리며 입을 벌리고 자고 있었다. 폭력적인 아버지를 둔 모든 아이들이 그렇듯, 나 역시 열렬하게 어머니를 사모하였고 어머니를 괴롭히는 아버지를 미워했다. 끝없이 이어지는 저주받은 밤들이 있었고 나는 부질없는 맹세를 했다. 죽을 때까지 아버지를 미워하겠다고.

그 당시 아버지는 하는 사업마다 잘 되지 않았고 술을 마시며 시름을 잊곤 하였다. 할아버지로부터 무능한 자식이라고 외면당하자, 아버지는 할아버지가 맺어준 어머니에게 괜한 화풀이를 하였다. 그렇지만 아버지는 술에서 깨고 나면 미안하다고 어머니에게 무릎을 꿇곤 하였다. 내게도 미안했는지 토끼며 강아지, 붕어빵이며 토마토 종자와 같은 것들을 사와서 환심을 사려고 했다. 나는 아버지가 미웠으므로, 술에 취해 눈을 부릅뜨고 코를 벌렁거리며 상스런 말을 내뱉는 아버지만을 기억해야 했으므로, 그것들에게 관심이 없는 척 했다. 강아지도 토끼도 귀여웠지만 부러 구박을 했고 토마토 종자는 물을 주지 않아 시들어 버렸다. 붕어빵도 식어서 결국 쓰레기통으로 갔다. 나는 애증이란 복잡하고 구질구질한 감정을 갖고 싶지 않았고, 오직 증오에만 충실하고 싶었다.

아버지와 나는 부녀 사이였지만 제대로 된 대화를 나눈 적이 한 번도 없다. 어느 날 친구가 "우리 가족은 제대로 외식을 해본 적이 없어, 작년에 한 번 하고 못했다니까."라고 말하자 나도 웃으며 "나도 온가족이 외식을 한 건 초등학교 때를 제외하곤 없어."라고 대답했다. 그러자 친구는 당황하며 마땅한 대꾸를 하지 못했다. 괜한 말을 했구나하고 미안해졌지만 실제로 아버지와 같이 외식을 한 기억이 손에 꼽을만치 적다. 특히나 중학교 때 부모님이 이혼한 뒤에는 아버지를 만날 일이 거의 없었고, 아버지란 사람이 있다는 걸 잊고 지내려고 노력했다.

하지만 아버지는 나를 늘 생각했던 것 같다. 고모는 손사래를 치며 "네 아버지가 니 자랑을 얼마나 하든지……."하고 말씀하신다. 아버지는 술에 취하면 내가 고등학교 때 글짓기 상을 몇 개를 받았고, 얼마나 공부를 잘하고 영특한지, 그리고 자신이 해준 것도 없는데 알아서 고려대학교에 붙었다고 말했고, 할 말이 떨어지면 했던 말을 다시 반복한다는 것이다. 고모는 지겹다는 듯이 말씀하시다가도 "그래도 니 아버지 자랑거리가 너밖에 없잖니……."하고 애처로워하신다.

그렇게 친척들 앞에서는 내 이야기만 하는 아버지이지만, 막상 만나면 내 눈치를 보며 "왔니?"하고 살그머니 말을 건네는 정도이다. 어릴 때는 너무너무 싫었던 아버지이지만, 나이를 먹을수록 치열했던 미움의 칼날이 조금씩 둔탁해지고 있다고 느낀다. 특히나 아주 오랜만에 본 아버지가 얼굴이 검고, 주름살이 가득해서 어릴 때 봤던 그 의기양양하고 젊고 난폭한 얼굴을 찾아볼 수 없을 때는 마음이 약해진다. 하지만 마음을 추스르고 억지로 미움의 감정을 떠올린다. 나는 고집이 센 편이다.

그러다 얼마 전, 내가 PC방에서 아르바이트를 하고 있을 때 아버지가 갑작스레 찾아오셨다. 나는 당연히 깜짝 놀랐고, 다른 아르바이트생과 사장님도 이 초라한 행색의 사내가 씩씩거리는 모습을 의아하게 쳐다보았다. 나는 창피해서 "왜 오셨어요?"하고 밖으로 아버지를 끌고 나가려고 했다. 그런데 아버지는 내 손을 뿌리치며 "너 같은 애가 왜 이따위 일을 하는 거냐!"라고 소리치셨다. 손님이 많은 저녁 시간대였고 다들 아버지와 나를 의아한 눈으로 쳐다보았다. 아버지는 계속해서 "너처럼 똑똑하고 착한 애가 이런 일밖에 할 게 없더냐!"하고 화를 내셨다. 사장님이 나서서 PC방 아르바이트 일은 나쁜 게 아니라고 설명했지만, 아버지는 단호한 태도로 사장님에게 아르바이트를 그만두게 하겠다는 약속을 받아낸 뒤 나를 그곳에서 끌어냈다.

아버지는 친척들로부터 내가 PC방 아르바이트를 한다는 말을 듣고 깜짝 놀라서 온 동네의 PC방을 뒤진 것이다. 그리고 그곳이 어두침침하고 남자들이 많은 것을 보고 역시나 나쁜 곳이라는 심증을 굳혔다. 쉰 살, 그렇게 적은 나이가 아닌데도 아버지는 세상 물정을 너무 몰랐다. 하긴 컴퓨터를 하는 법이나 문자를 보내는 법을 찬찬히 가르쳐줄 자식들이 곁에 있지 않기 때문일지도 모른다. 생각해보면 그의 딸인 내가 앞장서서 그를 고립시켰으니 말이다.

부끄러움에 몸을 떨며 화를 내는 나에게 아버지는 백만 원을 내밀었다. 그리고 "앞으론 이런 나쁜 일은 하지 말고 돈 걱정 없이 공부를 해라."라고 말씀하셨다. 마치 PC방 아르바이트가 술집 알바라도 되는 것처럼 생각하는 아버지 앞에서 나는 답답함을 느꼈다. 한편으로는 지금 내미는 저 백만 원을 마련하느라고 얼마나 고생했을까 생각하니 안타깝게도 느껴졌다. 아버지는 슬프리만치 경제력이 없으신 분이다. 하지만 돈을 내미는 아버지의 얼굴은 만족감과 자랑스러움으로 빛나고 있었다.

나는 그 돈을 뿌리칠까 생각하다가 그 당당한 태도에 압도되어 받았다. 그렇다. 아버지로서는 그게 나를 위해서 해낸 첫 번째 일이다. 딸을 악의 수렁에서 구해냈고 무려 백만 원이나 되는 돈을 주었다. 무능력한 아버지는 더 이상 그 자리에 없었고, 아버지의 권위가 눈부시게 빛을 발하고 있었다.

나는 "앞으론 그런 곳에서 일하지 않을게요."하고 맹세했다. 그러자 아버지는 "그럼, 그래야 내 딸이지."하고 활짝 웃으셨다. 아버지의 그런 웃음을 본 것은 참으로 오랜만이었다. 나는 왠지 서러워져서 눈물이 났다. 아버지는 "왜 우는 게냐?"하고 당황해했다.

사실은 알고 있었다. 아버지는 나를 좋아했지만, 매섭게 손톱을 세운 내게 쉽게 다가오지 못했다는 걸. 어린 시절 아버지가 선물해준 과일이며 장난감 같은 걸 버릴 때마다 사실은 미안한 마음이 들었지만, 나는 그걸 억지로 미움으로 돌려버렸다. 아버지는 나쁜 사람이라기보다는 서툰 사람이었다. 그리고 나는, 아무렇지도 않은 척했지만 사실은 자상하고 따뜻한 아버지를 줄곧 그리워하고 있었다. 다른 애들이 집에 늦게 가서 아버지한테 혼났다는 얘기를 할 때, 야간 자율학습이 끝나고 차로 바래다주러 온 친구 아버지의 차를 얻어 탔을 때 내가 느낀 감정은 부러움이었고, 그 이전에 그리움이었다.

미운 아버지였다. 그렇지만 핏줄에 대한 미움만큼 끈질기지 못한 게 있을까. 물론 용서라는 것은 단순히 미움에서 벗어나는 게 아니라 더 너그럽고 뜨거운 무언가를 안고 있는 것이다. 하지만 미움을 비우는 것이 그 자리에 애정을 채우는 계기가 될 수도 있다. 아니, 나는 아버지에 대한 감정을 순수한 미움으로 채우려고 늘 노력했지만, 그것은 미움에 이미 애정이 섞여있다는 걸 느끼고 있었기 때문일지도 모르겠다.

이제 내 안에 흐르는 뜨거운 핏줄에 충실해지는 일만 남았다.

제2회 한민족 효사랑 글짓기 공모전 수상작

|대상|

박하사탕

이영란

아버지를 전라남도 곡성의 선산에 묻고 온지 꼭 열흘이 되었습니다. 부모는 자식이 죽으면 가슴에 묻는다고 하지만 저는 돌아가신 아버지를 가슴에 묻었습니다.

아버지의 산소 가는 길에는 단풍도 아름다웠고 탐스러운 사과들이 주렁주렁 매달려 있더군요. 이렇게 싸늘한 주검으로 35년 만에 고향으로 돌아가시게 된 아버지를 생각하면 가슴이 한없이 무너집니다. 왜 좀 더 일찍 이 아름다운 경치를 보여드리지 못했을까요.

지난 7월의 마지막 날, 아버지는 폐암 3기말 판정을 받았습니다. 평소 잦은 기침으로 인해 보건소를 찾아가 자주 엑스레이를 찍던 아버지를 모시고 국립의료원을 찾은 저는 정확한 검사를 하기 위해 입원하라는 의사의 말을 듣고 뭔지 모를 불길한 감정을 느꼈습니다. 한

사코 자신은 건강하다며 고집을 부리던 아버지는 그날도 어김없이 제 손을 뿌리치고 병원을 나오시려 했지요.

작년에도 똑같은 경험이 있었던 터였습니다. 그 당시는 제가 임신 막달이라 아버지의 고집을 이기지 못하고 병원에서 돌아왔지만 올해는 뭔가 심상치 않은 예감에 강제로 입원을 진행했습니다. 그리고 보름간의 갖은 검사와 금식으로 아버지는 급격히 쇠약해지셨습니다. 어머니를 비롯한 저희 육남매는 그래도 암은 아닐 것이라 위안하며 폐결핵 정도의 진단만 나오기를 기원했습니다. 그렇지만 우리의 기원과는 다른 폐암 3기말 판정이 나왔고, 생존 여부는 길면 1년 짧으면 6개월이었습니다. 아무것도 모르는 아버지는 괜히 헛돈만 들였다고 투덜대시며 병원에서 주는 약을 잔뜩 들고 나오셨습니다.

그날부터 온 가족이 비상사태에 돌입했지요. 형편상 아버지와 같이 살고 있는 저는 부담감이 더욱 컸습니다. 너무나 쇠약해져 있는 70대 아버지의 건강 상태로 봤을 때 몇 개월 연장하자고 항암 치료나 방사선 치료를 한다는 것은 환자의 고통을 가중시키는 결과라고 판단한 우리 가족은 아버지를 그냥 집으로 모셨습니다.

그저 살아계시는 동안 드시고 싶은 것 해드리고 따뜻한 안방에서 가족들과 지내면서 이제 막 돌을 맞게 되는 손녀딸 재롱을 보게 해드리는 게 최선이라는 판단을 하기에 이르렀습니다.

5년 전 식도암으로 세상을 떠나신 시아버님 생각에 더더욱 항암 치료와 방사선 치료를 거부했던 저였습니다. 자식들에게 고통의 말 한마디 하지 못하고 병마와 싸우며 그렇게 힘겹게 갖은 치료를 받으며 결국 4개월 만에 돌아가신 시아버님을 생각하니 저의 아버지는 평상시처럼 집에서 가족들과 따뜻하게 보내게 해드리는 게 더 낫다고 생각했습니다.

아침에 일어나면 엉금엉금 기어 나오는 손녀딸의 분유를 타주는 재미를 조금 더 느끼게 하고 싶었습니다. 하지만 순간순간, 조금만이라도 생명이 연장될 수 있다면 항암 치료를 받게 하는 게 옳지 않을까하는 생각이 들었던 것도 사실입니다.

그렇지만 그로 인한 부작용으로 인해 토하고 고통 받을 아버지의 모습을 떠올리면 독한 마음을 먹지 않을 수 없었고 무엇보다 의사의 절망적인 견해에 우리는 절망할 수밖에 없었습니다. 병원을 다닐 때마다 매번 암을 숨기기 위해 몰래몰래 의사와 면담을 따로 하고, 이를 궁금해 하는 아버지께 폐가 좀 안 좋으니 약 잘 드시고 좋은 음식 많이 드시면 나을 거라고 거짓말하는 것도 조마조마했습니다.

이제 곧 돌을 맞이하는 딸아이를 업고 병원을 들어설 때면 혹시나 아이에게 해가 되지 않을까 가슴이 조마조마했던 것도 사실이었지요. 어찌 보면 아버지의 병은 이미 정해져 있던 것이었기에 아마도 저는 이제 생을 시작하는 제 딸아이를 더 걱정했나 봅니다.

그렇게 아버지를 모시고 병원을 왔다 갔다 하기를 두 달이 지났습니다. 장어 다린 물, 홍삼 엑기스, 양파, 마늘 즙 등등 몸에 좋다는 음식은 이것저것 해드려 봤습니다.

평생 보약이나 보양식은 입에도 대지 않으시던 아버지였습니다. 하지만 본인의 병세가 심상치 않음을 느끼셨는지 "내가 우리 손녀 중학교 갈 때까지라도 살려면 이놈의 마늘이며 홍삼 먹기 싫어도 먹어야지."하며 한 움큼의 약과 보양식들을 묵묵히 잡수셨습니다.

그 모습이 어찌나 안쓰럽던지 그 많은 약들을 대신 먹을 수만 있다면 먹어 버리고 싶었습니다. 얼마나 살고 싶으셨을까요.

수많은 시험관과 인공수정 실패로 결혼 5년 만에 겨우 얻은 제 딸아이를 얼마나 소중히 아끼고 예뻐했는지 지금도 눈에 선합니다. 시험관 시술에 성공했다는 병원 측의 결과를 듣고 아버지와 펑펑 울었던 때가 겨우 일 년 전이었습니다.

'작년에 그냥 고집을 부려서라도 아버지를 강제로 검사 받게 할 것을…….'이라는 자책감이 가슴을 치고 또 치게 만들더군요. 억장이 무너진다는 말이 이럴 때 쓰는 말이구나 싶었습니다. 그때 알았더라면 조금은 더 사시게 할 수 있었다는 자책감. 그리고 임신 말기에 너무 예민해져서 아버지와 자주 다투고 아버지의 가슴에 비수가 되는 말들을 많이 했던 제 자신이 죽이고 싶도록 미웠습니다.

낼 모레 마흔을 앞둔 지금, 돌이켜보면 사십 년을 아버지와 같이 살며 참 많이 싸우고 많이도 웃곤 했습니다. 새벽같이 직장을 다닐 때 항상 도시락을 싸주며 출근 시간에 맞춰 깨워주시던 아버지, 늦게 퇴근하는 딸을 비가 오나 눈이 오나 언제나 같은 자리에 마중 나오시던 아버지. 젊은 날 술과 노름으로 가산을 탕진해서 자식들에게 빚만 지워주고 못 가르쳤다고 기 한번 제대로 펴보지 못하고 사신 아버지께 우리 형제들은 가끔 모진 소리들을 내뱉곤 했습니다.

일 년 전부터 감기가 자주 걸린다며 기침을 했을 때 눈치 챘어야 했던 것을 어찌 그리 무심했을까. 숨이 차다며 택시를 자주 타실 때면 운동부족이라고 자꾸 운동을 강요했던 저의 무식함에 화가 납니다. 얼마나 숨이 찼을까요. 입덧을 하던 저를 위해 그 숨찬 고통을 견디며 공원을 한 바퀴 돌아야 갈 수 있는 시장에 가서 바나나를 사 들고 휘청휘청 쓰러질듯 걸어오시던 아버지의 모습이 자꾸만 아른거립니다.

다리에 힘이 풀려도 아이 때문에 밤을 새운 저를 잠깐이라도 재우기 위해 제 아이를 등에 업고 흔들흔들 힘없이 걸어 나가시던 모습, 그 모습이 아직도 지워지지 않는데 우리 아버지는 어디 가셨을까요? 아버지는 어느 날 연기처럼 갑자기 사라지셨습니다.

퇴원 후 두 달 동안 상태는 제법 호전되는 듯 했습니다. 평소 갈비를 좋아하셨기에 하루걸러 이틀 간격으로 사다 드리면 밥 한 그릇을 뚝딱 비우셔서 적어도 일 년은 사실 거라고 믿어 의심치 않았습니다.

목에서 나오던 각혈도 사라지고 몸무게도 다시 1Kg 늘었기 때문에 주기적으로 병원만 다니면 이렇게 조금씩 더 수명이 연장될 것이라는 바보 같은 믿음을 가졌습니다. 그렇게 두 달이 지나고 일주일이 흐른 뒤 딸아이 돌잔치를 하게 되었습니다.

평소에 못 만나던 친척들과 만나고 즐겁게 잔치를 치른 뒤 집으로 돌아온 아버지는 어머니께 나직이 "내가 인생을 잘못 살았나 봐. 전화 한 통 해주는 친구가 한 명도 없으니 내가 헛살았지. 너무 외롭네. 이 사람아."하며 한숨을 내쉬더랍니다.

평소 우리 가족만 있으면 된다고 친구가 다 무슨 소용이냐고 큰소리치시던 분이었기에 맘속에 그런 생각을 하시리라고는 미처 예상치 못했습니다. 그렇게 쓸쓸하게 그날 밤이 지나고, 다음날부터 아버지는 끊임없이 터지는 기침으로 3일 동안 잠을 못 주무셨습니다.

아버지의 눈과 입술이 푸르스름한 보랏빛이 된 것을 보고 병세가 급격히 악화되는 느낌이 들어 병원으로 달려갔지요. 이제는 약으로 치료하기 불가능하다며 당장 입원하라는 의사의 지시에 하루만 더 있다가 따뜻한 밥이라도 지어드리고 다음날 입원하겠다고 말씀을 드렸다가 혼이 났습니다. 상태가 많이 안 좋으니 당장 입원해야 한다고, 응급실로 실려 오고 싶지 않으면 지금 입원하라는 의사의 말에 가슴이 벌렁거렸습니다. 지난번보다 더 심한 불안감이 몰려왔지만 위기를 잘 넘길 수 있을 것이라는 생각을 했습니다.

병실 침대에 누워 숨이 차 헉헉대시며 기침을 가라앉히기 위해 박하사탕을 달라하시던 아버지께 주머니에 넣어둔 세 알의 박하사탕 중 한 알을 입에 넣어드렸습니다. 평소에 기침을 덜하게 하기 위해 박하사탕을 자주 드시던 아버지의 입에서는 항상 시원한 냄새가 났습니다. 때론 그 냄새가 지겹기도 했고 심지어 입덧을 할 때는 역겹기까지 했던 것도 사실이었습니다.

바짝바짝 마른 입술을 박하사탕을 드시던 혀로 적시던 아버지의 초췌한 모습을 보며 또 한 번의 거짓말을 했습니다.

"아버지, 폐렴이래. 그러니까 이번에는 의사 선생님 지시대로 잘 따르고 더 좋은 거 많이 드셔야 건강해지는 거야. 알았지? 이번엔 좀 더 길게 입원하실 건데 견뎌내실 수 있지?"

눈물을 삼키며 어금니를 깨물었습니다.

"내가 뭐 당장 죽기라도 하냐. 네 잔소리 듣기 싫어서라도 시키는 대로 잘할 테니 걱정마라. 거기 박하사탕 몇 개 더 두고 언넝 집에 가서 애기 봐. 너 애기 그렇게 떼어놓으면 내가 더 불안하니까 언넝가 언넝."

숨찬 목소리로 저를 걱정하며 한사코 돌려보내는 아버지의 발톱과

손톱을 깎아드렸습니다. 아버지의 발톱은 과자처럼 잘게 부서지더군요. 태어나서 처음으로 깎아드린 아버지의 발톱이 그렇게 힘없이 부서져 내릴 때 제 마음도 같이 조금씩 부서졌던 것 같습니다.

무심한 현실 때문에 저는 집에서 기다리는 아이 걱정에 아픈 어머니께 아버지를 부탁하고 발길을 돌렸습니다. 그리고 그날 집에 돌아와 아이를 붙잡고 서럽게 통곡했습니다.

불쌍한 우리 아버지, 앞으로 저런 고통을 얼마동안 더 견디셔야 할지 못 견디게 괴로웠습니다. 아이는 제가 우는 것을 보고 함께 울었습니다. 용돈 한번 두둑이 드리지 못했고, 가을 단풍 한번 구경시켜 드리지 못했는데 이렇게 영원히 헤어지면 어쩌나 하면서도 너무 고통스러워하시던 모습을 생각하니 기도를 하지 않을 수 없었습니다. 제발 더 이상 고통 주지 마시고 주무시다 편히 돌아가실 수 있도록 도와달라고 종교도 없는 제가 너무나 간절히 기도를 했기에 정말 하느님이 제 기도를 그대로 들어주었던 걸까요?

다음날 새벽 4시, 아버지의 임종 소식을 들었습니다. 한동안 손발이 떨려 꼼짝을 할 수 없었습니다. 뒤통수를 얻어맞은 것처럼 멍하니 바들바들 떨다가 갑자기 심장이 쿵하고 떨어지는 느낌과 함께 오열하기 시작했습니다.

아버지를 한 번도 안아 본 적도 사랑한다고 말해본 적도 없던 저였습니다. 혹시나 자신의 병을 눈치 채실까봐 평소 무뚝뚝하던 저였기에 아버지를 가슴에 꼬옥 끌어안을 수조차 없던 저였습니다.

그런데 이렇게 허무하고도 갑작스럽게 돌아가시다니요. 허겁지겁 달려간 병실에는 이미 싸늘해진 아버지가 고요히 눈을 감고 계셨습니다. 가슴을 치고 통곡하며 아버지의 볼을 만져 봐도 아버지는 눈을 뜨지 않으셨지요. 그리고 빠르고 정확하게 진행되는 장례 절차와 입관식을 보며 아버지께 마지막 말을 남겼습니다.

"엄마 잘 모실 테니 걱정하지 마, 아버지. 그리고 내 걱정 절대 하지 말고 좋은 곳으로 가셔. 거기에는 친구도 많을 거야. 절대 외롭지 않을 거야, 아버지. 우리 딸 잘 크는 거 꼭 지켜보시고."

살아생전 막내인 저를 제일 걱정하시며 어머니께 “내가 저것을 2년도 못 지켜주고 세상을 떠날 것 같아서 가슴이 아파.”라고 하시며 펑펑 우셨다는 얘기를 듣고 억장이 무너졌습니다.

저와 유난히도 자주 싸웠던 아버지였고 제 걱정은 전혀 하지 않는 눈치여서 때로는 무심하다고까지 생각했었기에 그 말씀은 저에게 큰 충격으로 다가왔습니다.

노름에 저희를 너무 고생시켰다고 평생 원망했기에 용돈 한번 제대로 못 드렸던 것이 한이 되었습니다. 2년 동안 푼푼히 모은 비상금 사백만 원을 두고도 항암제가 한 달에 백오십이 든다는 말에 그 돈을 움켜쥐고 못 내놨던 무심한 딸을 뭐 하러 그렇게 걱정하셨을까요.

아버지를 병원으로 모시고 갔던 날은 그 비싸던 항암제를 써보려고 결심을 한 날이었습니다. 시험관으로 힘들게 낳은 딸아이에게 옷 한 번 제대로 못 사주고 아등바등 거리며 모았던 돈 사백을 아버지를 위해 쓰기로 결심을 한 날이었습니다. 이미 늦었다는 의사의 말에 이기적인 제 자신이 한없이 원망스럽고 가증스러웠습니다. 그 돈이 아까워 아버지를 빨리 보냈다는 자책감이 들어 견딜 수가 없었습니다.

울고 또 울어도 아버지는 돌아오지 않습니다. 연기처럼 그렇게 갑자기 눈앞에서 사라져버린 아버지를 애타게 불러봐도 돌아오지 않습니다. 통장에는 아직도 사백이 남아있고, 제 주머니에는 몇 알의 박하사탕이 남아있는데 아버지는 안 계십니다.

제가 돈을 쓸까봐 서둘러 그렇게 가버리셨습니다. 제 기도를 너무 빨리 들어주신 하나님을 미워했습니다. 남들은 그 정도면 사실만큼 살았고 고통 없이 잘 가셨다고 하지만 자식인 저의 가슴에는 한이 남습니다.

이까짓 돈이 뭐라고 용돈 한번 못 드렸을까하는 원망이 남습니다. 제발 꿈에라도 한번만 저를 만나러 와주실까 하고 오지 않는 잠을 자고 또 잤습니다. 아버지가 없는 공간은 무의미합니다. 그렇게 좋아하시던 홍시는 아직도 저렇게 탐스러운 빛을 발하는데 우리 아버지는 어디로 갔을까요.

아버지를 묻고 선산에 다녀온 이튿날 너무 울어 지쳐 잠시 낮잠이 들었습니다. 현관으로 바삐 걸어 들어오는 분은 50대의 젊은 아버지였습니다. 평소에 즐겨 입으시던 낡은 갈색 구식 양복에 털조끼를 입고 박하사탕을 오물오물 거리며 성큼성큼 현관으로 걸어들어 오시는 걸 보고 '아버지, 어찌된 거야?'하고 소리를 질렀습니다.

꿈속에서도 분명 아버지는 돌아가신 줄 알았는데 살아서 오셨다는 게 믿기지 않아 계속 추궁하듯 물었더니 엄마가 제가 귀신을 본다며 소스라치게 놀라시더군요. 너무나 그리워하면 그럴 수도 있다고. 하지만 분명 아버지였습니다. '아버지, 아버지'하며 계속 소리치자 평소 커피를 타 마시던 주방에 조용히 다시 나타나신 아버지는 식탁 의자를 꺼내며 앉으셨습니다.

아버지의 무릎에 머리를 묻고 무릎을 꿇었습니다. 아버지의 손을 한없이 만지며 울고 또 울며 사죄했지요.

"아버지, 미안해. 너무 미안해. 사랑한다 말 한마디 못했어. 이렇게 따뜻하게 손 한 번 못 잡아줘서 정말 미안해. 아버지 아픈 거 눈치챌까봐 안아주지도 못했던 것도 미안하고 내 걱정하게 한 것도 미안해. 제발제발 내 걱정 말고 편히 계셔. 알았지?"

얼마나 아버지의 손을 만지고 또 만지며 울었는지 아직도 그 따뜻한 감촉이 생생히 느껴집니다. 가만히 저를 바라보며 박하사탕을 드시던 아버지의 입에서는 시원한 바다냄새가 났습니다.

영혼의 소리가 들리더군요.

"다 안다, 네 마음. 그러니 울지 마라."

아버지의 눈 속에서 영혼의 목소리를 들었습니다. 순간 깨고 싶지 않은 잠이 스스로 깨어버렸지요. 아직도 박하사탕 냄새가 나고 손에는 아버지의 따뜻한 감촉이 느껴지는데 아버지는 여전히 안 계십니다. 그렇지만 가슴에 쌓인 응어리는 풀어졌습니다. 막내딸이 한이 될까봐 바쁜 길 가시다가 잠시 들렀다 가셨나 봐요. 돈 한 푼 못쓰게 한 아버지의 장례식장에는 정말 많은 이들이 찾아와 주었습니다.

친구의 친척의 친척까지 아버지를 위해 모두를 진심어린 기도를 해주었고 넘쳐나는 화환으로 울 아버지는 분명 꽃비를 맞으며 즐겁게 천국으로 가고 계실 겁니다.

그 꽃길의 끝에는 아버지를 맞이해줄 친구 분들이 많겠지요.

용돈 못 드린 한은 오히려 작은 것이었습니다. 진정한 효도는 살아 계실 때 손 한 번 더 잡아드리고 가슴으로 따뜻하게 꼬옥 끌어 안아 드리고 닭살답더라도 진심으로 사랑한다는, 감사하다는 말 한마디 더 해드리는 거였다는 것을 아버지가 돌아가신 지금에야 알았습니다.

냉장고를 열어보니 아직 다 못 드신 박하사탕들이 여기저기 흩어져 있습니다. 한 알을 입에 넣고 아버지를 느껴봅니다. 입안이 화해지는 게 울 아버지의 바다 같은 마음이 전해집니다.

"아버지, 진정으로 사랑합니다. 그리고 저를 낳아주셔서 너무나도 감사합니다. 앞으로 언제가 될지 모르지만 아버지를 찾아뵐 때 박하사탕 가져갈 테니 그때는 같이 나눠 먹으며 재미있게 수다 떨자고요. 친구들이랑 고스톱 치느라고 저도 못 알아보면 안 돼요. 알았죠?"

이제 아버지를 위해 쓰려던 이 사백만 원은 홀로 되신 어머니와 시어머니를 위해 써야겠습니다. 그게 아버지의 바람일 거라는 생각이 드네요. 그리고 지금 엄마의 손을 그냥 만지작거리기라도 해볼까 봐요. 돌 지난 딸아이의 엉덩이는 수시로 닦아주고 볼에 뽀뽀도 수백 번 하면서도 정작 울 엄마의 볼에는 한 번도 해드리지 못했네요.

오늘 저녁에는 엄마 등을 밀어드려야겠어요.

|최우수상|

마흔 셋의 떼쟁이

김정혜

먼 하늘 끝자락에 불이 붙었습니다. 야금야금 파고든 불길이 어느새 서쪽 하늘을 온통 불바다로 만들었습니다. 금방 먹빛으로 드리워질듯 아쉬움에 숨 가쁘게 하늘이 뜨거움으로 헉헉거립니다.

"아버지! 무슨 생각을 그렇게 하고 계세요?"

"……"

"아버지! 담배 재 떨어져요."

"……"

애꿎은 생 연기만 피어오르는, 거지반 재가 된 담배가 아버지의 야윈 손가락 사이에 끼워져 있습니다. 아슬아슬하게 매달려있는 하얀 담뱃재가 금방이라도 떨어질 것 같습니다. 아니나 다를까 맥없이 길어진 아버지의 담뱃대에서 재가 '툭'하고 떨어집니다.

붉은 노을이 잠깐 하늘을 달구고 아버지의 손가락에 낀 담배가 애꿎은 생 연기만 피워대는 저녁 해거름, 한 개피의 담배는 오롯이 재가 되어 아버지의 깊은 상념을 애달파합니다. 어느새 노을은 사라지고 먼데 하늘 언저리가 먹빛입니다.

"아버지. 안으로 들어가세요."

그제야 아버지는 등을 돌려 나를 바라보십니다.

"내가 애물단지여."

헛헛한 웃음을 묻힌 아버지의 한마디가 저녁 으스름 속으로 섞여 듭니다.

2003년 12월 3일 새벽, 꿈속인 듯 아스라이 들리는 건 전화벨 소리였습니다. 소리가 점점 커지고 있었습니다. 비몽사몽간에 전화기를 들었습니다.

"여보세요? 여보세요? 여기는 울산입니다."

"울산요?"

"네. 길에 할아버지 한 분이 쓰러져 계셔서요. 주머니에 휴대전화가 있기에 연락드립니다."

"……"

"지금 병원으로 이송중입니다. 빨리 좀 와주십시오."

"……"

낯선 남자가 숨 가쁜 목소리로 전하는 몇 마디는 분명 내 아버지를 두고 하는 말이었습니다.

"혹시 술 취해 주무시는 거 같지 않으세요?"

"글쎄요. 술 냄새가 좀 나기는 합니다. 그런데 주무시는 거 같지는 않습니다. 하여간 지금 병원으로 이송중입니다. 빨리 좀 와주셔야겠습니다."

"네."

그쯤 되면, 꺼이꺼이 토해내는 울음도 성에 안차 통곡이라도 해야 했습니다. 그것도 모자라 전화기를 삼켜버릴듯한 기세로 그에게 바락바락 악을 써대야 했습니다. 그런데 '네'라니……. 간단명료하고 건조하기 이를 데 없는 그 한마디에 전화를 건 남자는 고개를 갸웃거리다 마침내 냉소를 지었을 게 뻔했습니다.

경부고속도로 위를 달리는 몇 대 되지 않는 차들이 뿌연 새벽 속으로 빨려들고 있었습니다. 일 년에 너댓 번 아버지를 향해 달린 길이었습니다. 매번 파출소 순경의 부름을 받고 달려가던 그길이 결코 달가울 수는 없었습니다. 그 새벽도 마찬가지였습니다. 끝없이 이어지고 있는 깊은 어둠, 그 어둠 속으로 새벽이 기지개를 켜고 그 기지개 속으로 내 10년 세월이 고개를 쳐들고 있었습니다.

"아버지. 저희랑 함께 살아요."

"싫다. 혼자가 편타."

"아버지 혼자만 편하시면 다에요? 편하신 분이 만날 술에 찌들어 사세요? 전화 한 통에 시도 때도 없이 달려오는 이런 딸자식 두셨으니 참 편하기도 하겠네요. 안 되겠어요. 이번엔 함께 가세요."

"싫다. 자고 싶으면 자고 먹고 싶으면 먹고 그렇게 혼자 살란다."

"그럼 아버지 편하실 대로 하세요. 대신 술 좀 줄이세요."

"술이 자식보다 효자건만……."

불과 한 달 전이었습니다. 술에 취한 아버지를 사람 좋은 순경이 등에 업어 파출소로 모셨다 했습니다. 김포에서 울산까지 장장 일곱 시간을 달려 아버지의 얼굴을 마주했건만 쉬지도 않고 쏘아붙였습니다. 늘 그랬듯 자식으로서의 번지르르한 허울 속에 나를 숨겼습니다. 한순간이나마 편해지고 싶은 내 약은 이기심이 또 고개를 치켜들었습니다.

'아들자식 버젓이 있는데 딸자식이 왜?'라며 매몰차게 금을 그었습니다. 단칸 셋방살이의 찌든 살림살이도 그나마 핑계로 한몫했습니다. 딸자식의 뻔한 권유에 무기력한 아비의 뻔한 대답. 한번쯤 강산이 변했을법한 긴 세월 동안 아버지의 뻔한 대답을 짐작한 딸자식의 뻔한 권유는 늘 모질고 냉정했습니다.

10년 세월 동안 아버지는 내 고요한 일상에 심술궂은 훼방꾼이었습니다. 일주일에 너덧 번씩 술 취한 아버지의 목소리가 전화선을 타고와 내 심장을 후벼 팠습니다. 외롭다 고달프다는 하소연도 부족한 듯 고래고래 소리를 질러댔습니다. 그럴 때면 아버지를 향해 바락바락 악을 썼습니다.

"평생을 술로 사신 댓가 아닌가요? 엄마가 집을 나가버린 것도 그래서 우리 가정이 깨어진 것도 다 아버지의 술 때문 아닌가요? 외롭고 고달프다고 하셨어요? 아버지 업보라고 생각하지 않으세요? 아직 멀었어요. 아버진 여태 정신 못 차리고 술독에 빠져 사시잖아요. 술이 효자라면서요?"

아버지의 외로움과 고달픔은 온전히 아버지 탓이라 생각했습니다. 그 모든 고통을 아버지 당신이 짊어지는 게 마땅하다고 생각했습니다. 젊어선 마누라 덕에, 늙어선 자식 덕에 그저 무위도식하려는 아버지가 싫었습니다. 풀리지 않는 당신의 삶이 세상 탓이라 습관처럼 웅얼거리는 아버지가 싫었습니다. 지금에 와서 아버지의 고통을 내가 짊어지는 건 부당하다고 생각했습니다. 아버지가 당신의 고통을 내 어깨에 얹을 수 없게 한순간이라도 앞질러 달아나고 싶었습니다.

그러나 정작 한 발짝도 움직일 수가 없었습니다. 오히려 아버지를 향해 내뱉은 한마디 한마디가 내 가슴팍을 조였습니다. 아버지를 향한 모진 악다구니가 내 귓가를 유령처럼 떠돌아다녔습니다. 가슴팍을 쥐어뜯고 귀를 틀어막았습니다. 소용없었습니다. 아무리 쥐어뜯어도 내 가슴팍은 시원해지지가 않았고, 귀를 막으면 막을수록 소리는 더 크게 들렸습니다.

그건 아마도 두려움 때문인 것 같았습니다. 그즈음 아버지의 목구멍을 타고 흘러드는 술은 아버지의 뼈저린 반성이라는 걸 알고 있었습니다. 고래고래 질러대는 아버지의 고함소리는 푸른 청춘을 헛되이 보낸 피나는 절규라는 것도 알고 있었습니다. 그래서 두려웠는지도 모르겠습니다. 아버지의 반성과 절규가 내 어깨로 짊어져야 할 짐이 될까 몸을 사렸습니다. 내 가슴팍에 두꺼운 돌담을 쌓고 그것도 모자라 날카로운 철조망으로 겹겹이 울타리를 쳤습니다. 그럼에도 불구하고 아버지의 생채기에서 흘러나온 피고름이 내 가슴언저리로 야금야금 파고들었습니다.

결국 내 악다구니는 아버지를 향한 것이 아니라 아버지를 밀쳐내는 비정한 딸자식을 향한 발악이었습니다. 문득 코끝을 스치는 소독

약 냄새에 퍼뜩 정신을 차렸습니다. 햇살이 하얀 병원 건물 위로 차갑게 쏟아져내리고 있었습니다. 병원 정문을 서성이는 한 남자의 등에 시선이 멈추고 있었습니다. 동생이었습니다.

"누나. 인자 오나."

"응. 일찍 왔네."

"부산하고 울산이야 얼마나 된다꼬."

"아버지는?"

"……"

"왜? 뭐가 안 좋은 거야?"

"좀 심각하다."

"……"

"아부지 지금 수술중인데 벌써 9시간이 넘었다."

"……"

"머리를 다치셨는갑다. 머리에 피가 가득 차서 지금 그거 수술하고 있다 카는데……."

"머리를 왜 다쳐?"

"순경 말이 길에 쓰러져 계셨다카는데 아무래도 술에 취해 넘어지신 거 같다 카드라. 아버지 머리맡에 커다란 돌멩이가 있는 걸로 봐서 혹시 넘어지면서 거다 머리를 부딪쳤는지도 모르겠다 카드라."

"그래서? 그래서 아버지는 어떻게 된다는 거야?"

"수술이 끝나봐야 안다카는데 깨어나신다 캐도 후유증이 만만치 않을끼라 카드라."

9시간의 대수술을 마치고 수술실을 나온 아버지는 의식불명이었습니다. 아무리 소리쳐 불러도 아무리 흔들어 보아도 아버지는 묵묵부답이었습니다. 아버지는 곧바로 중환자실로 옮겨졌고 기약할 수 없는 기다림은 그때부터 시작되었습니다.

무심히 지나쳤던 하루라는 시간이 그렇게 길 수 있다는 것을 그때 알았습니다. 절망 앞에서 잠이 오지 않는 것도 배가 고프지 않다는 것도 그때 알았습니다. 중환자실 벽에 높이 걸려 째깍거리는 시계바늘이 내 심장을 콕콕 찔렀습니다. 아버지의 의식불명이 길어질수록 내 절망의 깊이도 그만큼 깊어졌습니다.

웅크리고 자는 잠깐의 새우잠도 겨우 삼키는 물 한모금도 속절없이 죄스러울 즈음, 의식불명 보름째가 되어서야 아버지가 눈을 뜨셨습니다. 단, 모든 것이 정지되어 버린 채로……. 자식도 형제도 친구도 그 누구도 알아보지 못했고 손가락과 발가락은 석고처럼 굳어 있었습니다. 무심하게 껌뻑거리는 두 눈까풀만이 그나마 아버지가 살아계심을 증명했습니다.

아버지는 기억상실증이었습니다. 아버지의 기억상실은 모질고 냉정한 딸자식에게 내려진 무서운 벌이었습니다.

오줌과 똥으로 범벅이 된 아버지의 속옷을 하루에 대여섯 번씩 빨아대야 했습니다. 한 숟가락 한 숟가락 입으로 떠 넣어 드리지 않으면 그나마 한 톨의 밥알도 넘길 수가 없었습니다. 어설픈 발걸음에 서너 발짝 짚다 넘어진 아버지를 일으켜 세울 때면 내 무릎엔 그새 피가 흘러내렸습니다. 밤새 신열에 들뜬 아버지의 발그스름한 얼굴은 온 밤을 하얗게 밝히게 했습니다.

3년 동안 시도 때도 없이 가슴이 먹먹했습니다.

자식새끼 달게 자라고 밤잠 설치며 진자리 마른자리 갈아주셨던 내 아버지. 자식새끼 목에 가시 걸릴까 촘촘한 꽁치 가시 발라 노릇한 살점만 얹어 주시던 내 아버지. 펄펄 끓는 기름 속에서 건져 올린 통닭이 행여나 식을까 가슴팍이 벌겋게 데이도록 꽁꽁 싸안고 오시던 내 아버지. 철부지 어린 딸이 잠꼬대로 중얼거렸을 군고구마 소리에 눈보라 속을 달리다 빙판에 미끄러져 다리가 부러지셨던 내 아버지. 더도 덜도 말고 내 아버지셨습니다. 아버지는 이 딸자식을 두고 어떤 계산도 하지 않으셨음을 그제야 알았습니다. 아버지는 이 딸자식을 향해 어떤 금도 긋지 않으셨음을 그제야 알았습니다. 자식이기에, 아버지의 딸자식이기에 무조건 사랑하셨음을 불혹이 되어서야 비로소 깨달았습니다.

하루를 한 달처럼 한 달을 일 년처럼 아버지의 상처는 아물어 갔지만 육신의 생채기에 새살이 돋을 뿐 아버지의 머릿속은 여전히 오리무중이었습니다. 예순 넷의 아버지는 어느 날은 다섯 살 철부지였고 어느 날은 스무 살 청년이었습니다. 모질고 냉정한 딸자식은 아버지의 기억 속에 존재하지 않았고 아버지 무릎에 냉큼 올라앉아 '마포종점'을 앙증맞게도 불러대던 다섯 살 꼬맹이만이 아버지의 현실 속에 살아있었습니다.

아버지께 나는 아직도 품안의 자식이었습니다. 아버지를 사랑할 시간은 충분했습니다. 아버지의 기억 속에 좋은 딸자식으로 다시 남을 수 있음에 감사했습니다.

아버지와 함께 맞는 세 번째 여름입니다.

이 여름, 나는 아버지에게 있어 온전히 마흔 셋의 딸자식입니다. 10년 세월 그토록 모질었던 딸자식은 기억에 없다고 아버지는 늘 말씀하십니다. 아버지의 그 말씀에 매번 뜨거운 불덩이가 목구멍을 치받고 올라옵니다. 붉은 노을을 등진 아버지의 쓸쓸한 등을 바라볼 때마다 '내가 애물단지여.' 그 한마디가 아버지의 깊은 한숨에 섞여 들 때마다 기억상실을 핑계 삼은 아버지의 거짓말에 뜨거운 불덩이가 눈물에 녹아내립니다.

아버지는 아실까요? 자식이 애물단지여도 부모에게 있어 자식만이 이 팍팍한 세상을 살아가는 이유이듯이 자식에게 있어 부모도 이 세상을 살아가는 이유인 것을……. 요즘 시도 때도 없이 아버지께 떼를 씁니다. 철부지 어릴 적, 아버지 없으면 못산다고 울고불고 하던 그 때처럼…….

"아버지. 저는 아버지 없으면 못 살아요. 아버지 돌아가시면 저도 따라 죽을 거에요. 그러니 오래오래 사셔야 해요."

오늘도 마흔 셋의 떼쟁이는 아버지의 야윈 무릎에 바투 다가앉아 떼를 씁니다. 아버지는 귀찮다 손사래를 치십니다. 아버지의 그 손사래는 오늘 하루도 내가 온전히 살아갈 수 있는 이유입니다.

|최우수상|

하늘빛 추억

장지민

효에 대한 글을 모집한다는 안내문을 보고 난 후, 어줍지 않은 글솜씨에 변변한 상 한 번 타본 적 없는 내가 당당히 펜을 들게 된 것은 십여 년 전 한 소녀에게서 받은 뭉클한 기억 때문이었다.

초등학교 2학년, 남들보다 조숙하고 항상 꿍해있는 소녀. 그때의 내 모습은 소심했고 부끄러움이 넘치는 어찌 보면 평범하지 못한 그런 아이였다. 그해 어느 봄날, 선생님이셨던 아버지를 따라 같은 학교로 전학을 가게 되었다. 1학년 부장이셨던 아버지는 공교롭게도 우리 반 바로 앞 교실의 담임이셨다. 40대 초반의 나이에도 불구하고 머리의 사분의 삼 이상 홀랑 벗겨진 아저씨, 어떤 치킨 전문점 할아버지를 닮은 성격 좋아 보이는 구수한 외모, 이런저런 별명들로 교내 철없는 아이들의 놀림감 1순위였던 분이 바로 우리 아버지였다.

어느 날 복도에서 아버지와 마주친 친구가 내게 "우리 학교 빛나리 선생님이야~ 머리에 파리가 앉으면 미끄러진대."라고 속삭였다. 이 말을 하면서 한없이 웃어대는 친구를 보며 그 아이보다 아버지가 더 미워졌다. 가끔씩 아버지를 놀리는 친구들 속에서 울화통이 치밀어 올랐지만 모난 성격의 난 '1학년 1반 담임 선생님이 우리 아빠야!'라는 말을 속으로만 외쳐댈 뿐이었다.

아버지의 승용차를 타고 다녀야 할 정도로 먼 거리의 집 때문에 등하교길 손잡고 걸어갈 친구가 많이 그리웠던 나날들. 청소 당번들의 청소가 끝날 때까지 교실에 남아 있던 내게 아이들이 왜 안 가냐고 물어올 때마다 앞 반의 아버지를 기다린다는 말을 하지 못하고 "엄마가 조금 있다가 데리러 오실 거야. 집이 멀어서 차를 타고 가야 돼."라는 말을 반복하며 아이들이 집에 갈 때까지 기다렸다. 아버지도 당신을 부끄러워해 피하는 것을 눈치 채셨는지 담임 선생님과 단둘이 있을 때만 우리 반에 들르셨다.

그런데 교내에서 신체검사를 하던 날, 사건이 일어났다. 학교에 무슨 큰일이라도 난 듯 썰물처럼 밀려나가는 아이들을 보고 나도 그곳으로 따라가 보았다. 발걸음이 멈춘 곳은 다름 아닌 아버지의 교실 뒷문이었다.

아버지는 1학년 아이들을 속옷만 입히고 다 벗긴 채로 신체 측정을 하고 계셨다. 요즘 같았으면 간접 성추행이 아니냐고 비난받을 만큼의 행동이었지만 당시엔 그 정도까진 아니었다.

아이들은 "너무했다." "어떡해! 걔네 불쌍하다." "저 선생님 왜 저래!" 등등 비난의 말을 쏟아냈다. "미친 거 아냐?"라는 말을 듣는 순간 난 정말 참을 수가 없었다. TV에 나오는 정의의 용사라도 된 것처럼 크게 쏘아댔다. "너네 아무리 그래도 선생님한테 미쳤다가 뭐야!" 그 후 아이들의 어리둥절한 눈초리를 온몸으로 느껴야 했다. 어이없다는 표정을 짓는 아이들도 많았다.

어쩔 수 없다는 생각이 들자 나는 "우리 아빠란 말이야~!"하고 소리를 지르며 크게 울어버렸다. 놀란 아이들은 조용해졌고 "거짓말이지?" "너네 아빠가 왜 저렇게 늙었어?" "할아버지 아냐, 할아버지? 키득키득" 등등 한 소녀의 울음조차 외면된 철없는 아이들의 대답이 이어졌다. 아이들의 그 말들을 뒤로 한 채 교실로 돌아와 책상에 엎드려 더 크게 울어버렸다.

그때 내 등을 토닥여주는 한 소녀가 있었다. 구씨 성을 가져서 '구더기'라는 별명이 있던 유난히 하얗고 올망졸망한 예쁜 얼굴에 파리똥 같은 여러 개의 점이 옥에 티였던 아이, 바른생활 교과서에 나오는 '영희'처럼 책을 90도로 세우고 허리를 의자에 딱 붙여 바른 자세로 책을 읽던 아이. 환한 웃음이 내가 좋아하는 하늘색을 닮은 그 아이는 1학년 부장 선생님이라는 강력한 '빽'에 의해, 하기 싫은 '여자 반장'을 하던 나보다 더 반장 노릇을 똑똑히 한 우리 반 '여자 부반장'이었다.

떠드는 사람 하나 제대로 못 잡아내던 소심한 '여자 반장' 대신 진정한 '반장'의 행세를 해내던 그 아이는 그것만으로도 고마운 존재였다. 놀람과 비아냥의 구렁텅이에서 손을 잡아준 그 소녀의 위로가 나는 너무 고마워서 그날 이후 그 아이와 많이 어울렸었다. 몰래 드나들었던 아버지의 교실도 함께 놀러가 간식도 먹고 칠판에 그림도 그리며 놀았다. 그 아이의 그림 실력은 어린 내가 봐도 뛰어났고 다른 아이들도 그렇게 생각했다. 연습장 가득 특징을 살리면서 그려주던 친구들의 초상화는 그 아이의 특기였다. 그림뿐만 아니라 리코더, 멜로디언, 노래, 성취도 평가 성적까지 모두 최우수였던 그 아이는 뭐든지 지기 싫어했던 나도 미워할 수 없는 특별한 존재였다.

식목일 아침이었다. 강낭콩을 심으러 가자는 그 아이의 전화에 우리는 강낭콩 알을 들고 학교 뒤 작은 동산에 올랐다. 처음 심어보는 식물, 그곳이 강낭콩을 심기에 알맞은 곳인지 아닌지도 모르면서 우리는 그저 벅찬 마음으로 '잘 크겠지?'라는 기대만 가지고 강낭콩을 심었다.

강낭콩이 무럭무럭 잘 크면 이제 콩밥도 안 남기고 잘 먹으리라는 생각으로 산을 내려오며 배가 고프다는 나에게 그 아이는 자기 집에 가서 라면을 먹자고 했다. 흔쾌히 승낙하며 그 아이를 따라나섰다.

학교에서 꽤 떨어진 주택가 골목은 학교 근처에서 흔히 보이던 아파트 단지와는 달리 어두워 보였다. 한참을 걷자니 상가에 딸린 자그마한 슈퍼마켓이 보였다.

"저기가 우리 집이야."

그 아이의 말에 '아 슈퍼마켓을 하는구나! 맛있는 것 많이 얻어먹을 수 있겠다.'라고 기대에 부풀어 그 아이를 따라갔다. 그러나 그 아이가 가는 곳은 슈퍼가 아닌 그 옆 작은 계단이었다. 한참을 올라 3층 정도였을까? 그 아이는 비닐로 된 속이 훤히 비치는 문을 열었다. 그 문이 대문이었고 그 안은 바로 그 아이의 집이었다.

"엄마 나 왔어요. 친구도 같이……."라고 외치는 그 아이의 말에 "그래 어서 오너라."라고 한참 뒤에 대답하시는 아주머니의 음성이 들렸다. 내다보지도 않고 방에서 대답하시는 아주머니의 힘없는 목소리 보다 '세상에 이런 집이 있어?'라는 생각이 더 앞섰던 나는 놀란 표정을 숨기기 바빴다. 그 아이의 집은 '집'이 아니라 '방'이었다. 작은 방 한 칸이었지만 나름대로 오밀조밀하게 잘 정리된 그곳에 어머니는 앉아계셨다. 내가 문을 나설 때까지 계속 앉아만 계셨다. 다른 집보다 낮은 싱크대와 키 작은 냉장고, 제대로 된 옷장 하나 없이 옷걸이에 걸려있는 옷들 중에 남자 옷은 없었다.

그때 나는 많이 어렸지만 직감적으로 상황 파악이 되었다. 겉옷을 벗자마자 싱크대로 향하는 그 아이는 내가 한 번도 해보지 못한 일들을 시작했다. 능숙하게 냄비에 물을 붓고 우리 집에서는 위험하다고 근처에도 못 가게 했던 가스레인지를 켰다. 더 놀라웠던 것은 물이 끓는 동안 어머니께 다가가 컵을 입에 바짝 대어 드리고 물을 마시게 해드렸다.

그 순간 나는 아주머니가 앉아만 계신 이유를 알 것 같았다. 갑자기 느꼈던 감정은 안타까움도 불쌍함도 동정도 아닌 바로 감동이었다. 두 팔 두 다리가 불편하신 아주머니를 자신의 엄마라고 자랑스럽게 보여주는 그 아이 앞에서 나는 한없는 부끄러움을 느꼈다.

어릴 적의 일이라 그때 느꼈던 여러 감정들을 생각해내기가 어렵지만 확실히 기억나는 것은 그 아이와 나의 모습을 비교하며 느낀 반성이었다. '옆에서 항상 지켜주고 사랑해주시는 훌륭한 아버지를 왜 부끄러워했던가, 아버지도 없이 편찮으신 어머니의 수발을 들면서도 환히 웃고 있는 저 아이는 너무도 어머니를 자랑스러워하는데…….'

그 다음해 먼 곳으로 이사를 가기 전까지 그 아이와는 매우 가깝게 어울려 지냈다. 전학을 간 후로 만나지 못한 그 아이가 많이 그립다. 학교 뒷동산에 그 아이와 함께 심은 강낭콩이 어찌 되었을까 궁금하다. 우리가 달라진 만큼 강낭콩도 많이 자랐겠지?

어린 시절 마음깊이 '효'에 대해 느끼게 해준 하늘빛 천사, 그 아이가 하늘빛을 닮은 건 소중한 어머니를 하늘같이 공경하는 마음에서 우러나온 게 아닐까?

나는 당신이 자랑스럽습니다

박소현

나의 부모님은 맞벌이를 하신다. 그럼에도 불구하고 우리 집은 흔히들 말하는 중산층이 아니라 서민에 속한다고 생각해왔다. 물론 신시가지라는 그럴싸한 이름의 동네에서 적당한 평수의 아파트에 살면서 무엇이 필요하다고 느꼈을 때 갖지 못했던 기억은 없다. 그러나 나는 항상 우리 집을 서민이라고 규정해왔고, 공무원이나 의사를 부모님으로 둔 아이들 사이에서 나름대로 위화감을 느껴왔었다. 여자아이라면 누구나 배우는 피아노, 나도 역시 피아노를 배웠지만 우리 집엔 피아노가 없었다. 작은 키보드만이 내 방 한 구석을 장식하고 있었을 뿐…….

초등학생 시절, 친구들 집에 놀러 가면 그들의 방에 당당히 서있는 피아노를 보며 건반을 조심스레 눌러보고 모두들 가지고 있는 것을 갖지 못한 우리 집을 한없이 원망했었다. 그런 열등감 속에는 아버지의 직업이 한몫 차지하고 있었다.

미당 서정주는 '자화상'이라는 그의 시에서 애비는 종이었다고 당당히 말했다. 그러나 나는 그럴 수가 없었다. 나의 하나뿐인 소중한 아버지는 흔히들 말하는 노가다로 나를 18년간 기르셨다. 물론 그전에 훨씬 좋은 직장에 다니셨다. 그러나 하동에서 갓 스물에 상경해 어렵사리 부산에 정착했던 아버지는 다른 지방으로 전근 가야 하는 상황에서 도저히 부산을 떠날 수가 없다고 판단하셨지만 어머니를 만나게 해준 그 직장을 많은 고민 끝에 그만두셨다.

하지만 농업고등학교에서 학교 대표로 경진대회에 나가서 상을 타오고 방송통신대에서 학업에 대한 갈증을 풀어놓을 만큼 머리가 좋으셨던 아버지가 할 수 있는 일은 막노동뿐이었다. 정확히 따져본다면 막노동은 아니었고 일종의 건축설비였다.

그러나 나는 그것이 막노동의 한 단계 위의 일로 밖에 여겨지지 않았다. 건축설비를 맡아서 하셨던 아버지는 유난히도 인간관계가 좋으시고 일처리에 있어서 완벽했고, 아버지가 몰던 하얀색 트럭은 크고 아늑했다. 그러나 어린 나에게 있어서 아버지가 트럭을 몰며 뜨거운 햇살 아래에서 일한다는 사실을 용납할 수가 없었다. 날씨가 궂은 날, 친구들이 당연하게 아버지의 차를 타고 등교할 때 난 아버지의 호의를 딱 잘라 거절했다. 교문 앞에서 트럭에서 자연스레 내릴 자신이 없었기 때문이었다.

비가 오는 날이면 아버지는 항상 내게 물으셨다. 그러나 나는 단 한 번도 아버지의 차를 타고 등교하겠다는 대답을 한 적이 없었다. 다른 아이들의 아버지가 에어컨이 나오는 시원한 사무실에서 양복을 입고 출근해서 바삐 서류철을 놀려댈 때, 아버지는 조금은 후줄근한 작업복에 하루가 다르게 깊어지는 주름을 안고 귀한 땀방울을 흘리며 배관설비를 손보았다.

일요일도 가끔은 반납하고, 자정이 넘어서 울리는 전화 벨소리에도 나가야 했던 아버지가 벌어오는 돈으로 나는 영화를 보고 학원을 다니고 친구들과 놀러 다녔다. 학교에서 수업시간에 선생님들이 가끔씩 공부 안 하고 떠들기만 하는 아이들을 보면서 “너희는 커서 노가다나 할 거냐?”라고 말씀하실 때 나는 우리 아버지는 결코 공부를 안 해서 노가다를 하고 있는 것이 아니라고 당당하게 말하지 못했다. 아버지가 노가다로 해서 번 돈으로 내가 지금 이렇게 학교에 다니고 있다고 자신 있게 말하는 대신 내가 할 수 있는 건 조금 움츠러드는 것뿐이었다.

내가 초등학교에 입학해서 고등학교에 들어갈 때까지 아버지는 쉼없이 일했다. 잘생긴 외모에 인기가 많았던 아버지는 어느 샌가 발꿈치를 들면 비슷해지는 키를 가진, 조금은 배 나온 지친 중년 아저씨가 되어 있었다. 그 땀방울의 댓가로 자랐으면서 나는 그를 자랑스럽게 여길 수가 없었다. 그의 주름을 파고 들어가 안식처를 찾았으면서 나는 그를 편하게 소개할 수가 없었다. 마흔이 넘어서도 아버지는 용접을 마다하지 않았고 가끔씩 손에 불똥이 튀어 미운 자국을 만들어 돌아오시곤 하셨다.

그날도 아버지는 다른 이들 보다 앞장서서 건설현장에서 일하고 계셨다. 그때였다. 뒤의 단단한 무엇인가가 아버지의 머리를 내려친 것은……. 아버지는 기절하다시피 했고 곧 정신을 차렸다. 대신 아버지는 어린애가 되었다. 아버지는 무슨 생각을 하셨던 것인지 홀로 병원에 찾아가서는 무작정 머리가 아프다고만 하셨다고 한다.

병원 측에선 바로 어머니께 연락했고 급히 찾아간 병원에서 어머니는 마흔 여섯 살의 어린아이를 만났다. 아버지는 사고 이후를 기억 못한 채 멍한 눈으로 어머니 옷자락을 꼭 쥐고 놓지 않으셨다. 집에 돌아와서도 좀 전의 일을 잘 기억 못하고, 했던 이야기를 또 듣고 또 해달라고 하셨다. 다행히도 점점 상황이 호전되어 금방 이전과 같아지셨지만 그 일로 어머니와 나는 큰 충격을 받았다.

지금은 인생의 후반부를 준비해야 할 시기인데 언제까지나 몸이 망가지는 막노동을 할 수는 없는 노릇이었다. 서서히 지쳐가고 계셨던 아버지를 어머니와 함께 설득했다.

어머니와 내가 선택한 대안은 택시 운전이었다. 이미 주변에 택시 운전을 하는 사람이 몇 있었고, 20년도 넘게 산 부산에서의 택시 운전은 아버지께 적격일 것이라는 믿음에서였다. 몇 번의 이야기가 오가고 아버지는 택시 운전을 하기로 하셨다.

오리엔테이션을 하고 오신 날, 아버지는 신이 나서 나에게 영어와 일본어, 중국어 등 오리엔테이션에서 배운 것들을 선보이셨다. 이틀간 일하고 하루 쉬는 형식으로 일하시는데 고되다고 말씀하시면서도 편안해 보이는 그 눈빛에 우리는 마음이 놓였다. 무엇보다 기뻤던 건 다가오는 무더운 여름에도 아버지가 시원하게 일하실 것이라는 점이었다. 내가 기억하는 10여 년간의 기억 속에 아버지는 항상 여름이면 얼굴에 더위를 한껏 머금은 채 지친 모습으로 집으로 들어오시는 것이었다.

한파가 밀어닥칠 때면 추위에 입술이 갈라지고 몇 겹의 내복을 입고서야 나설 수가 있었던 아버지……. 이제는 푸른빛 운전사 복장을 하고서 남들처럼 시원한 에어컨이 나오는 차안에서 멋진 선글라스를 끼고 부산 시내를 누비실 것이다.

나는 어느 순간부턴가 쉽게 돈을 쓸 수 없게 되었다. "어서 오세요, 안녕히 가세요."라고 수없이 말하면서 아버지는 이천 원, 삼천 원 그렇게 하루 종일 액셀러레이터를 밟고, 기어를 넣으셨을 텐데 그 돈을 난 쉽게 만 원씩, 이만 원씩 흘려보냈다. 괜히 무엇이 먹고 싶다며 덜컥 비싼 샌드위치를 사먹은 적도 있고 좋아하는 연예인의 DVD를 사달라며 울며 화낸 적도 있었다. 그때 아버지는 갈증도 참아가며 어느 아스팔트 위를 통과하고 계셨을 것이다. 그 사실이 갑자기 와닿던 순간부터 천 원도, 오백 원도 쉽게 쓸 수가 없다.

저녁상을 차려오라 말하시면 항상 짜증내고, 방청소를 하면 어떻겠냐는 말에 알아서 한다며 화부터 냈었다. 하지만 이제는 웃으며 찌개를 데우고, 말씀하시기 전에 정리를 해두려 노력한다. 홀로 드시는 저녁이 딱딱하게 혹은 외롭게 느껴지지 않게 옆에서 이런저런 유치한 이야기들을 늘어놓기도 하고 녹차도 한잔 내놓기도 한다.

나에게 있어서 '효'는 먼 미래에 아버지 고향에 전원주택 하나 지어 드리고 노후에 걱정 없이 편히 모시는 것이라고 생각했다. 아버지께 보내는 살가운 응원 문자 메시지 한 통이나 지친 어깨를 안마하는 것은 생각지도 않았었다. 오랜만에 안마하려고 본 아버지의 등은 세월에 닳아 있었고 머리에서는 유난히도 희끗한 무엇인가가 달갑지 않게 나를 반기고 있었다. 내가 이만큼 자랄 동안, 아버지는 이만큼 작아지셨다.

지금 내가 할 수 있는 최대의 '효'는 공부를 열심히 하고 건강할 것. 너무나 당연하면서도 잘 지키지 못했던 그 약속들을 이제 실천해 보려 한다. 내일은 휴일이지만 아버지께서 운전을 하러 나가시는 날이다. 지금 내리는 이 비가 어서 그쳐 내일은 손님이 많으면 좋겠다. 오늘만큼 친절한 손님이 많았으면 좋겠다며 웃으시는 아버지의 소박한 바람이 항상 이루어지길 기대한다.

지금 나는, 아버지가 택시 운전사라고 자신 있게 말할 수 있다. 아버지 직업 기입란이든 친구들과의 대화에서든 난 당당하게 아버지가 부산 시내를 주름잡는 운전기사라고 자랑스럽게 말할 수 있다.

오늘도 내일도 사고 없이 건강한 모습만을 보여주세요.

사랑하는 나의 아버지…….

|최우수상| 중등부

사랑합니다

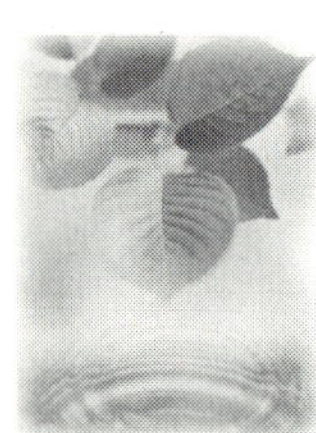

양지희

세상에 나보다 더한 불효자식이 있을까? 이 글을 쓰는 내내 나는 감사의 눈물을 많이 흘리게 될 것 같다.

2003년 빨강노랑 단풍나무가 아름답게 세상을 수놓던 가을, 나의 인생을 송두리째 바꿔놓은 그 녀석이 찾아왔다. 여느 때처럼 분주한 아침, 평소와 같이 학교에 갈 채비를 하며 머리를 묶고 있던 나는 거울 속에서 이상한 걸 발견했다. 내 목에 있는 달걀만한 몽우리. 혹시나 하는 마음에 학교도 결석하고 엄마와 지방에 있는 대학병원으로 갔다. CT 촬영 결과, 그 몽우리가 악성종양으로 추정된다 했다. 목뿐만 아니라 반대편 림프 절에도, 그리고 비 인후 강에도 종양이 있다고 했다.

엄마는 진료실을 나오며 펑펑 우셨다. 내 앞에서 한 번도 눈물을 보이지 않으셨던 엄마, 그분께서 울고 계셨다. 철없는 4학년 꼬마는 그 이유를 알 수 없었고, 그냥 "엄마 울지 마."라고 말할 뿐이었다. 그날 후, 전쟁이 시작되었다. 가난한 집안 형편에도 불구하고 엄마는 나를 살려야 한다며 서울로 올라왔다.

입원치료를 하기 위해 소아암 병동을 처음 들어서는 순간, 난 너무 놀라 입을 다물 수가 없었다. 가슴에 이상한 기계를 달고, 머리는 하나같이 스님처럼 민둥머리였으니. 링거 대를 달달 끌며 다니는 고통에 찌든 표정의 아이들은 마치 다른 세계에서 온 아이들 같았다.

그런데 나도 그 속으로 들어가고 있었다. 엄마는 며칠 전 그날처럼 내 이름을 부르며 조용히 흐르는 눈물을 닦았다. 며칠 후 아침, 조직검사를 하기 위해 이동침대가 나를 태우러 왔다. 이동침대에 몸을 싣고, 사람들의 동정 어린 시선을 받으며 미로 같은 긴 복도를 달려 수술실 앞에 도착했다. 그리고 엄마와 나는 영화 속 한 장면처럼 수술실 문 앞에서 헤어졌다. 전신마취제에 취해 푹 자고 일어나 흐릿한 정신에 눈을 떠보니 간호사 언니가 보였다.

"지희야."

내 이름을 부르는 소리에 고개를 돌려보니 우셨는지 토끼처럼 눈이 빨간 우리 엄마가 보였다. 나중에 들은 이야기인데, 엄마는 내가 수술을 받는 두 시간 남짓한 동안 내가 너무 불쌍해서 계속 우셨다고 한다. 이 이야기를 생각하면 지금도 눈시울이 뜨거워진다. 그 시간 동안 엄마는 속 썩이는 못난 딸 때문에 얼마나 눈물을 흘리셨을지……. 너무 죄송하다.

조직검사 후 며칠이 지나자 정확한 병명이 나왔다. '횡문 근육종 4기.' 우리나라를 통틀어도 몇 안 되는 희귀 암. 그리고 완치율이 낮은 난치병. 오진일 수도 있다는 실낱같은 희망도 모두 물거품이 돼버렸다. 다음날부터 내 몸 속에는 거대한 화학전이 일어났다. 항암 치료! 항암제란 것이 얼마나 무서운 건지 그때 처음 알았다. 피부에 한 방울만 떨어져도 살이 썩어 들어가고, 정맥은 타 말라버리고, 그리고 내 머리를 까까머리로 만들어버린 항암제. 항암제의 위력은 정말 대단했다.

우리 엄마는 내 몸에 화학전이 일어나는 그날부터 독하고 강한, 무서운 엄마가 되었다. 내 딸을 지키기 위해 꼼꼼해지고, 내 딸이 아파할까봐 간호사의 실수를 용서하지 않는 그런 엄마가 있었기에 나는 다른 아이들이 잘 감염되는 곰팡이 균도, 구강염도 이겨낼 수 있었던 것 같다.

나는 약물에 민감해서 다른 아이들보다 훨씬 항암제에 대한 반응이 컸다. 하루에도 자그마치 스무 번이 넘게 피가 섞인 노란 위액이며 시퍼런 쓸개즙, 후에는 위출혈로 피까지 토해내고, 정말 물 한 방울 삼키지 못한 채 하루하루를 포도당에 의해 연명했다. 내가 굶을 때면 엄마도 같이 굶으셨다. 밥 냄새를 맡으면 구토하는 나 때문에 끼니를 거르시며 아침부터 내가 잠자리에 들 때까지 반나절 동안 쉴 새 없이 내 등을 두드려 주셨고 자정이 넘어서야 싸늘하게 식어버린 병원 밥을 쓸쓸히 드셨다.

엄마는 내 등을 두드리시느라 팔을 너무 많이 고생시켜 오른팔을 들지 못하는 후유증이 생겼다. 엄마께 따뜻한 진지는 지어드리지 못할망정, 내가 편하자고 엄마를 고생시키다니……. 그땐 내가 너무 이기적이었다. 엄마께 정말 죄송하다.

낮에는 내 옆에서 간호를 해야 했던 엄마는 개인 시간이 없었고, 밤에는 내 병에 대해 책과 인터넷을 검색하고 갑자기 닥친 불행에 긴 복도를 서성이며 눈물을 흘리곤 하셨다. 그 복도에서 엄마는 얼마나 많은 눈물을 흘리셨을까.

잠시 퇴원해 있는 시간에도 엄마는 자유롭지 못했다. 그간 밀린 집안일 하랴 면역력이 약한 나를 위해 숟가락 삶으랴 칫솔 삶으랴 엄마의 일은 항상 쌓여 있었고, 그나마 남는 시간에는 내 치료법을 찾기 위해 백방으로 뛰어다니셨다. 엄마의 친구 분들은 아이들이 집안일도 도와주고, 여행도 보내줘 동호회나 취미생활을 즐긴다는데 오직 나에게만 매여 자신의 행복은 뒷전인 우리 엄마를 보면서 너무 힘들었고 죄송했다.

이렇게 힘들고 고통스러웠던 전쟁의 문턱을 지난 것도 이제 1년 9개월째. 하지만 약 챙겨주시랴 급식을 못 먹는 내 도시락 싸시랴 엄마는 아직도 고생이시다. 하지만 이때까지 엄마의 사랑을 먹고 자랐으니 이젠 내가 엄마께 사랑을 드릴 것이다. 지금의 나를 있게 해주신 너무 고마운, 세상에 하나밖에 없는 우리 엄마니까…….

나에게 병마라는 고통이 닥친 것도 난 원망하지 않는다. 그로 인해 세상에서 가장 위대한 엄마의 사랑과 은혜를 깨달았으니까…….

"엄마 죽도록 사랑해요."

|우수상| 초등부

할아버지, 다시 일어나세요

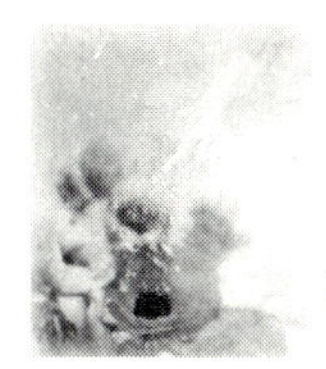

김해준

우리 집은 다른 집과 달리 외할아버지를 모시고 산다. 외할아버지께서는 당뇨를 앓고 계신다. 그래서 오른쪽 다리 절반을 절단하셨다. 내가 어렸을 때 일어난 일이라 잘 몰랐지만 지금은 외할아버지를 모시고 살기 때문에 누구보다 외할아버지의 건강상태를 잘 알고 있다.

몇 십 년 전에 외할아버지는 축구선수도 해보셨다고 했다. 축구선수가 될 만큼 튼튼한 다리였는데 지금은 나보다 약한 다리가 되어 버렸다. 나는 외할아버지의 다리만 보면 가슴이 뭉클해진다.

외할아버지는 경상남도 진주시에서 부자로 손꼽히는 사람이었다. 매일 엄마와 이모, 삼촌께 빵도 사주시고 선물도 사주셨다고 한다. 그런데 어느 날 갑자기 당뇨라는 불청객이 찾아와서 외할아버지의 건강과 재산을 모두 빼앗아 갔다.

외할아버지는 내가 엄마에게 혼날 때 막아주기도 하고 그만하라고 말려주시기도 한다. 나는 이럴 때면 외할아버지께 너무 감사했다. 나는 외할아버지의 침대에서 같이 자 본 적이 있는데 할아버지께서는 계속 나만 쳐다보고, 잠을 이루지 않은 것 같았다.

'할아버지는 나와 같이 자서 좋아서 쳐다보나?'

'아님 나에게 화나서 쳐다보나?'

나는 그때 많은 생각이 떠올랐다.

금호아파트로 이사 온 후에 외할아버지께서 크게 신음 소리를 내셨다. 그 소리를 듣고 엄마와 나는 깜짝 놀라 일어났다.

엄마는 외할아버지께 저혈당이 왔다고 했다. 외할아버지의 모습은 멍해 있었고, 내가 말을 건네면 "안 그랬다."를 반복해서 말씀하셨다.

엄마는 단단히 화가 나 있었다. 왜냐하면 밥을 드시지 않고 그 약을 드시면 저혈당이 올 수 있기 때문이다. 겉으로 엄마는 성이 났겠지만 마음으로는 너무 슬펐을 것이다. 내가 효성아파트에 살았을 때 할아버지가 정신이 가물가물해지는 것처럼 고통스러운 소리를 내셨다. 나도 그 때는 너무나 슬프고 마음이 아파서 안 울 수가 없었다.

외할아버지는 나만 보면 이렇게 말하신다.

"니가 없으면 어떻게 살꼬?"

왜냐하면 나는 외할아버지 물을 떠다 드리고 온갖 심부름을 도맡아 하기 때문이다. 그런데 요즘 들어 외할아버지에게 아침인사, 저녁인사를 거의 하지 않았다. 학교와 학원 다니느라 외할아버지를 내 머릿속에서 잠시 잊었나 보다. 나는 외할아버지가 "니가 없으면 어떻게 살꼬?" 할 때마다 더 잘 하겠다고 다짐했었다.

나는 정말 외할아버지를 걷게 하고 싶다. 매일 집에서 누워만 계시고 앉아서 TV를 보시는 것이 일상의 전부이니 얼마나 지루하실까? 어떤 할아버지가 '주 찬양'이라 씌어 있는 전동 휠체어를 타고 다니면서 여기저기를 돌아다니는 걸 본 적이 있다. 나는 돈을 모아서 우리 할아버지께도 전동 휠체어를 사드리고 싶다. 아직은 나이가 어려서 전동 휠체어를 살 수는 없지만, 스무 살이 넘어 내가 돈을 벌게 되면 꼭 전동 휠체어를 선물할 것이다.

하지만 만약에 그때가 되기 전에 할아버지께서 돌아가신다면 어떡하나? 그럼 지금 내게 있는 돈으로 아주 귀한 약을 할아버지께 사드려야겠다. 지금 저금해둔 돈이면 많이 사드릴 수 있을 것이다. 나는 아직 외할아버지께 갚지 못한 빚이 너무나도 많다. 할아버지는 나를 키워주시고 맛있는 것도 사주시고 언제나 내 옆에서 수호천사가 되어 주셨다. 언제 이 빚을 다 갚나? 하루하루 정성껏 보살펴 드리고 진심으로 사랑할 것이다. 엄마는 너무 힘들면 아빠에게 짜증을 부릴 때도 있지만 그래도 아빠가 고맙다고 했다. 외할아버지를 모시고 살자고 아빠가 먼저 말씀하셨기 때문이다.

외할머니는 내가 어렸을 때 돌아가셨고, 이모나 삼촌들은 아직 결혼도 하지 않아서 할아버지를 보살필 수가 없다. 그래서 우리 집으로 모셔오게 된 것이다. 아빠는 회사일 때문에 아침 일찍 나가시고, 밤늦게 들어오시기 때문에 할아버지와 보내는 시간은 많지 않다. 나가고 들어올 때 꼭 인사를 하고 몸이 어떠신가 물어보시는 아빠지만 그래도 나는 아빠께 서운한 마음이 있다. 아무리 바빠도 일주일에 한두 번은 한 식탁에 앉아 밥도 드시고 이런저런 얘기도 나누면 좋겠다.

매일 조금씩 초라해지는 외할아버지 모습을 보면 눈물이 난다. 언제나 활기차게 움직이게 되실까? 외할아버지 어깨는 힘이 없고, 등뼈는 휘어지고 살갗은 쪼글쪼글해지셨다. 나는 빨리 외할아버지가 초라함 속에서 벗어날 수 있게 도와드리고 싶다.

혼자서는 밖으로 나가지도 못하시는 우리 할아버지께 나는 아주 특별한 친구가 되어드릴 것이다. 학교에서 선생님께 칭찬 받은 얘기, 친구들이 싸운 얘기, 컵 스카우트 여행 다녀온 얘기 등 하나도 빠짐없이 다 해드릴 것이다.

나는 매일 우리 할아버지가 밝고 건강하신 모습으로 날 안아주시는 꿈을 꾼다. 내가 밤마다 그렇게 기도하기 때문인지도 모르겠다.

|우수상| 초등부

반 반

황호성

거울 보면
내 얼굴엔
엄마 반 아빠 반

눈감고 세수해도
엄마 입
아빠 코가 만져져요.

너는 누굴 닮아
배우처럼 잘 생겼니?
우리 엄마요.

너는 누굴 닮아
공부를 잘하니?
우리 아빠요.

내 몸 여기저기
예쁜 엄마

똑똑한 아빠뿐인데

엄마 얼굴 주름지고
아빠 웃음 줄어드네.
어떡하면
엄마 주름 펴지고
아빠 웃음 만발할까?

| 최우수상 |

호상

노가연

모두들 호상이라고 했다.

연세는 94세였고 특별한 지병이 있으셨던 것도 아니었다. 새벽에 주무시듯이 곱게 가셨다. 큰아들과 큰며느리가 지켜보는 가운데 고통 없이 가신 때문이다. 돌아가실 때의 얼굴은 너무도 깨끗했다고 한다. 그리고 자식들은 이제는 가셔도 된다고 여기는 듯 했다. 연세도 많으시고 증손자, 증손녀도 여럿 보시고 살아생전 큰 고생, 나쁜 것 보시지 않은 곱고 평탄한 삶이셨기 때문이다.

우리 증조할머니의 일이다.

그렇지만 아니었다.

자손들의 고통이 시작됐다. 인간으로서 100년 가까이 사신 건 천수를 다 누리신 것이지만 돌아가시니 '조금만 더 사셔도 되는데…….' 하는 탄식이 절로 나왔다.

칠순을 바라보는 장남, 나의 할아버지는 걸음을 걷기조차 힘들어하셨고 22세에 시집와 평생을 모신 큰며느리의 얼굴은 차마 마주 대하기 힘들 정도로 안쓰럽게 망가져 있었다.

손녀들은 할머니의 베개를 가져가고 영정사진을 핸드폰에 담으며 소지품을 나눠가졌다.

할머니를 부르며 보내드리는 마지막 시간은 말로는 표현 못할 슬픔이었다. 모든 것이 그리움이고 아쉬움이었다. 9살짜리 증손자의 눈에서도 눈물이 흘렀다. 무엇이 이토록 원통하게 우리의 가슴을 찢어놓는 것일까!

아! 나는 어땠었나…….

나는 첫 증손녀였다. 아들을 바라셨겠지만 정성으로 나를 돌보시며 하셨던 말씀 "남의 아들 열을 준다고 해도 우리 가연이 하나하고는 안 바꾼다."

워낙에 잠이 없고 예민한 나를 돌보시느라 잠을 못자는 엄마를 위해 증조할머니는 하루 걸러 당신 곁에 나를 재우셨다고 한다.

"늙은 몸이 낮에 할 일이 있나. 고단하면 낮에 자면 되지." 하시며 밤에는 나를 거두셨다.

할머니의 영정사진은 신기했다. 마치 모나리자처럼 어느 각도에서나 이쪽을 보는 듯 보였다. 표정은 슬픈 듯 웃는 듯 인자한 느낌과 고통스런 인간사를 보여주는 듯 보였다.

내가 얼마 전 할머니를 뵈러갔을 때, 벌써 임종이 가까우신 듯 보였다. 말씀을 못하시고 수액만으로 연명하신 지 2주 정도였었다.

엄마가 평소 좋아하시던 쇠고기 국을 가져와 아기에게 먹이듯 입안에 흘려 넣으셨다. 그리고는 입 주위를 닦으셨다. 며칠 뒤 할머니는 돌아가셨다. 다시는 돌아오지 못할 먼 곳으로 영원히 떠나셨다. 그리고 그날 나는 이 세상에서 가장 슬픈 장면을 보았다.

"아! 내 손으로 내 할머니를 보내는구나."

의사인 아버지께서 눈물을 흘리며 사망진단서를 마무리하고 확인도장을 찍는 모습이었다. 너무 많은 물기 때문에 안경을 벗고서야 서류를 마무리하는 아버지의 모습은 나로 하여금 사무치는 슬픔이 무엇인지를 절절이 느끼게 했다.

나는 느꼈다. 이 세상에 호상은 없다는 것을, 아쉬운 이별만이 있을 뿐이라는 것을……. 이 세상 모든 자식들은 불효자이다. 받은 만큼 드리지 못한다. 아쉬움이 없이 부모님을 누가 보낼 수 있고 누가 당당히 효를 말할 수 있을까!

호상은 없다.

부모가 가신 뒤에는 애타는 자식의 울음소리만 있을 뿐이다. 모두들 고개를 숙이고 용서를 빌 뿐이다. 듣지 못하는 가신 부모님께, 볼 수 없는 가신 부모님께, 만질 수 없는 가신 부모님께, 느낄 수 없는 가신 부모님께, 용서할 수 없는 나 자신에게…….

|최우수상| 대학부

달의 저편에서 바라보다

최아정

창문 틈 풍경 사이로 나뭇가지가 걸려있다. 나는 내 방 앞에 놓인 만삭이 된 엄마의 사진을 손으로 쓰다듬어 본다. 옆에 장난스러운 표정을 하고 있는 언니의 모습도 눈에 들어온다. 봉분같이 부푼 엄마의 배는 나를 쓰다듬고 있다. 사람을 잊을 수는 있어도 사람은 과거를 잊지 못한다고 했던가. 나는 사진을 보며 태엽 돌리듯 지난 시간을 되돌려본다. 작지만 강인한 엄마의 모습을 품고 있는 내 시선이 연민도 안타까움도 아닌 사랑으로 엄마를 향해있다.

매일 밤 신음소리가 들렸다. 언니가 엄마를 부르는 소리가 들릴 때면 엄마는 한달음에 방안으로 갔다. 벽 사이를 뚫고 오는 언니의 목소리는 언제나 달갑지 않았다. '아으 어마 무우울' 내가 몇 년 동안 들어도 겨우 알아들을까 말까 하는 소리를 엄마는 잘도 알아듣는다. 언니의 무게는 항상 엄마의 몸을 향해 있다. 팽팽했던 엄마의 힘줄은 언니를 품느라 점점 느슨해져 갔다. '근이 영양증', 근육이 점점 굳는 병이다. 아직 치료 방법도 제대로 없어서 주기적으로 몸을 움직여줘야 한다. 언어도 행동도 약간 더딘 언니를 볼 때면 마음속으로 항상 엄마와 언니를 원망했다. 엄마를 힘들게 하는 언니도 싫었고 언니를 평생 등에 짊어진 채 살아가는 엄마도 이해가 되지 않았다. 언니는 엄마의 가슴 속에 난 양분들을 빨아 먹은 채 사는 어린 동물 같았다. 엄마는 자신의 업보라도 되는 양 어렸을 때부터 언제나 언니만 챙겼다. 엄마가 언니를 챙길 때마다 나는 무어라무어라 혼자서 씩씩대며 소리를 질렀다. 마음속으로 몇번씩 원망하는 마음을 곱씹었을지도 모르겠다.

엄마는 일주일에 세 번씩 언니의 재활 훈련을 위해 집을 비웠다. 혼자가 될 때면 나는 노트를 펼쳐 내 생각들을 적어내곤 했다. 잡을 수 없는 이 시간들과 사물들 그리고 내 마음까지……. 글을 쓸 때면 내 마음 속 외로움들이 치유되는 것만 같았다. 끓어오는 마음을 정리하면서 언젠가부터 아름답고 슬픈 글을 써내는 작가가 되고 싶다는 생각을 마음속에 늘 품어왔었다.

학교가 끝나고, 문고리 사이로 열쇠가 맞물려 들어간다. 열쇠를 따라 내 슬픈 마음도 함께 돌아간다. 엄마는 늘 '언니는 몸도 아프고 온전치 못하잖아.'라는 말로 나를 이해시키려 했지만 사춘기에 접어들면서부터 나는 엄마의 말을 이해하지 못했다. 엄마의 축 쳐진 배와 늘어나는 주름들이 모두 언니가 그려놓은 나이테 같았다. 엄마와 언니 그리고 나……. 엄마는 왜 매일 나에게만 이해하라고 하는 것일까? 숨길 수 없는 공허감이 매일 쿡쿡 나를 찔렀다.

그러던 어느 날 선생님께서 이런 말씀을 하셨다.

"이제 대학에 진학 할 때도 됐는데 이 종이에다가 희망하는 학교와 과를 써와라. 내일까지 꼭……."

간단명료한 선생님의 뾰족한 목소리가 내 귀에 박힌다. 나는 글을 쓰고 싶어 했다. 신경숙의 『외딴 방』 이란 소설처럼 방 안에 있을 때면 내 속에 엉켜있는 것들이 연필 끝을 타고 올라왔다. 나는 집에 돌아오자마자 엄마께 안내장을 건넸다. 엄마는 몇 초간 종이를 응시하다가 내려놓았다. 마른입을 달싹이며 엄마가 조용히 말씀하셨다.

"아정아, 문예창작과 말고 전문대 가서 취업하는 것도 엄마는 나쁘지 않……."

순간 목구멍이 답답해졌다. 내가 품어왔던 꿈들이 조각조각 흩어지고 있었다. 나는 크게 신경질을 냈다.

"엄마가 지금까지 내 말 들어준 게 뭔데? 만날 언니……. 어제도 오늘도 언니 언니 밖에 없잖아."

주먹 사이로 힘줄이 팽팽하게 솟아올랐다. '쾅!' 문을 닫고 배게 속에 얼굴을 묻었다. 눈물이 하염없이 볼을 타고 내려왔다. 어둠이 꾹꾹 눌러앉은 방 안에서 나 혼자 그렇게 한참을 울고 있었다. 창 사이에 걸려있는 밤 풍경 사이로 별들이 내 눈물을 닦아준다. 하늘 멀리 희미하게 떠있는 노란 달도 보인다. 그러고 보니 어렸을 때 엄마가 나와 언니를 앉혀놓고 달에 대해 얘기해준 기억이 있다.

"저기 저 달 봐봐. 되게 밝고 아름답지? 근데 진짜 달은 울퉁불퉁하고 못생겼대. 봐봐. 어느 날은 동그랗기도 하고 또 어느 날은 반달 또 어느 날은 모양이 점점 작아지잖아. 빛에 따라서 우리가 보는 달의 모양은 다른 거란다."

나는 달을 보면서 언젠가 달처럼 아름답지만 슬픔과 연민을 담고 있는 글을 쓰고 싶었다. 옛날 기억을 하면서 나는 다시 설움에 잠긴다.

그때 벽 너머로 어떤 소리가 들렸다. 언니 방이었다. 언니의 신음소리도 아니고 뒤척이는 소리도 아니었다. 흐느낌이었다. 나는 깨금발로 조심스럽게 언니의 방안 문틈 새를 보았다. 작은 실루엣으로 자는 언니에게 혼잣말을 하고 있는 엄마였다.

엄마…….

엄마의 우는 모습이 흐린 내 눈 사이로 들어온다.

"선영아, 네 동생 불쌍하지? 엄마가 그러려고 한 거 아닌데 글도 잘 쓰고 좋아하고 참 잘하는데. 사실은 마음은 그런 게 아니었는데 엄마가 너무했어. 사실 너무 사랑하는데 다 주지 못해서 미안하고 또 미안하기만 하네."

엄마가 우는 모습을 처음 보았다. 엄마는 항상 언니의 통통한 몸을 한 손으로 부축하며 다니던 씩씩한 모습이었는데 오늘은 휘청대는 가냘픈 갈대 같았다. 항상 언니 앞에서 당당하고 씩씩했던 엄마의 표정. 내가 화를 내도 신경질을 부려도 그냥 그러려니 했던 엄마의 속은 그게 아니었던 것이다.

엄마는 아름다워 보이지만 속에 아픔을 품고 있는 달을 닮은 것 같다. 깊게 들여다보아야 볼 수 있는 달. 사실은 내게 매일 미안해하고 사랑하는 마음이 강한데 나는 왜 그걸 몰랐던 것일까? 나는 문고리를 열고 조심스럽게 방으로 들어가서 엄마의 허리를 꽉 끌어안았다. 엄마의 가슴과 내 가슴이 맞닿았다. 내가 엄마 뱃속에 처음 있었을 때처럼 엄마와 나는 하나가 되었다. 참 따뜻하다. 나는 미안하고 사랑한다는 말로 엄마의 등을 어루만져 주었다. 엄마의 그림자와 내 그림자가 포개진다. 엄마의 탯줄을 타고 엄마의 속으로 들어가는 것만 같다. 그 순간 사랑은 행동이 아닌 마음으로 읽을 수 있는 것이란 걸 느꼈다. 엄마가 하는 말과 행동들을 나는 항상 삐딱하게 보면서 지금까지 신경질을 내고 죄 없는 언니만 미워했었다.

그 일이 있고 몇 개월이 지나서 나는 좋아하는 글 쓰는 학과의 학생이 되었다. 사랑을 주고받는 법을 제대로 몰랐던 나는 봉사활동이나 복지단체에서 할머니 할아버지를 씻겨 드리면서 생각했다. 참된 효도란 특별하게 정의 내려진 것이 아니다. 사랑은 행동이 아니라 마음으로 읽어 내려가는 것이니까…….

나는 만삭 젊은 엄마의 모습을 손으로 쓸어 넘긴다. 창문 사이로 후덥지근한 여름 공기가 머리를 쓰다듬는다.

허공에는 별들이 박혀있다.

달의 저편, 그곳엔 무엇이 있을까? 강인함의 이면에 슬픔을 품고 있는 엄마의 얼굴이 떠오른다. 지금 이 순간 나는 엄마를 꼬옥 안아드리고 싶다.

|우수상|

효 배우기를 읽고 느낀 점

김소형

어머니 오른쪽 가슴에 싹이 돋았다. 석 달 전 가슴에 몽우리가 잡힌다며 이야기 한 게 떠올랐다. 어머니는 혹시나 싶어 병원이 아닌 보험 아주머니께 전화부터 했다. 그리고 보험의 효력이 생기는 시간을 기다리고 있었다. 가족들에게 피해가 될까 싶어 혼자 암을 키우고 있었던 어머니의 밤이 그려졌다. 그 시간이 석 달이었다.

어머니 / 김삼열

헛된 세상사

쫓기고 쫓기며

제 자식 제 식구 챙기느라

어머니는 무엇에 그렇게 쫓기고 있었던 걸까. 사실 어머니가 두려워한 건 자신으로 인해 가족들이 겪게 될 시간이 아니었을까. 이모 손에 이끌려 검사를 한 결과 어머니의 병명은 유방암 2기였다. 조금만 늦었어도 치료가 힘든 과정이었던 셈이다. “암이지. 뭐.” 유방암이 이렇게 간단하게 말할 수 있는 병이었던가 싶어 나는 큰 충격을 받았다.

매정하게 부모에게 등 돌린 자식에게

언제나 포근한 품 주시며

엄마는 "가련한 여주인공이 돼버렸다."고 농담을 했지만 나는 앞으로의 날들이 두려웠다. 수술과 8차에 걸친 항암 치료, 그 짧은 단어들이 주는 힘은 매우 거대했다. 생채기 하나만 생겨도 난리를 떠는 나인데, 어머니는 앞으로 시작될 두려움을 이겨내야만 했다. 그런데도 "유방암이라니 불행 중 다행이다. 가장 치료 효과가 좋은 암이다."라고 이야기 해주시는 어머니를 보며 나는 무슨 말을 해야 할지 몰랐다. 어머니가 아프다고 하면 '또?'하고 되묻던 내 모습이 자꾸 아른거렸다.

끝없는 용서로

안아 주시는 어머니

"이거 더 먹어."라며 해맑게 웃는 어머니 얼굴을 보며 나는 가슴 한 귀퉁이가 콱 조여지는 느낌을 받았다. '암, 암이다.' 속으로 여러 번 반복해 말해보아도 익숙해지지 않았다. 허리춤에 호스를 연결하거나 링거를 꽂은 채 걸어 다니는 사람들보다 더 위험하다는 사실이 어머니께 뚝 떨어진 현실이었다. 일상에서 당연하다고 생각하는 것들은 사실 누군가의 희생으로 이루어진 것이라는 걸 난 느끼며 살았다. 하지만 내 가장 가까운 곳에서 어머니는 잊혀진 채 살았던 것이다. 사실 어머니의 암이 아니었다면 과연 이렇게 생각할 수 있었을까? 어머니의 밝게 웃는 저 얼굴이 이렇게 애처롭고 슬프다는 걸 깨달을 수 있었을까?

밤이면 흰머리 숙이시고
두 손 모아
눈물로 자식의 앞날을
빌고 비는 어머니

수술실은 병실보다 온도가 낮기 때문에 어머니는 종종 '발이 춥다'라고 말씀하셨다. 양말을 신기고 어머니의 발을 주물렀지만 차가워진 발은 따뜻해지기까지 제법 시간이 걸렸다. 이렇게 작은 발로 50여 년을 버티고 계셨던 어머니……. 그 어깨에 내가 자식이란 이름으로 20여 년을 올라탔다. 수술이 끝난 뒤 여섯 시간 동안은 잠이 들면 안 된다고 했다. 기침을 하거나 코로 호흡을 해야 하는데 잠이 들면 폐렴이 걸릴 수도 있으므로 어머니가 눈을 감을 때마다 깨워야 했다. 가래가 나오면 즉각 뱉어야 하므로 화장지를 옆에 두고 5분마다 코로 숨 쉬는 것을 상기시키며 꼬박 옆에 지키고 있었다.

어머니가 잠드는 모습을 가까이에서 본 건 정말 오랜만이었다. 어머니가 불러주던 '엄마는 소형이를 사랑해요. 사랑해요.'하는 단순한 가사와 단조로운 멜로디의 자장가가 떠올랐다. 자꾸만 그 노래가 귓가에 맴돌았다. 밤이면 늘 자장가를 불러주고 나를 위해 기도해주던 어머니의 옆모습은 그대로인데 암이라니……. 어린 시절 자다가 꿈쩍이는 소리에 깨보면 어머니가 눈물을 흘리며 기도하고 있었는데 이제 내가 눈물을 흘리며 기도를 하고 있다. 왜 나는 어머니의 앞날을 생각해본 적이 없을까? 왜 자식의 앞날만 있고 어머니께는 앞날 같은 건 없다고 생각했던 것일까?

어머니는 8차례에 걸친 항암 치료를 하며 야드르르한 머리를 다 잘라내셨다. 삭발한 어머니의 머리는 정말이지 낯설었지만 그 모습이 한편으론 아이 같기도 하여 웃음이 나오기도 했다. 그것은 어머니의 노력 때문이었다. 가족들이 그 모습을 보고 눈물짓지 않게 하는 것, 그 상황에도 웃음을 주는 건 엄마의 매력이자 배려였다. '흰 머리도 없다!'라고 생각할 수 있는 긍정적인 힘은 어머니가 가족들에게 주는 격려이자 힘이었다.

눈 감는 그날까지
자식 손을 놓지 못하시고
끝내도 자식 아픔까지
모두 품고 가시는 어머니

효에 대해 생각하면 온 몸이 간지러웠던 것은 그 정도의 효는 하고 있다는 생각과 함께 깊이 배우려 하지 않는 습관 탓이었다. 그런 내가 아주 단순하게 적힌 '어머니'라는 제목에 이끌린 건 그 단어에서 진정성이 느껴졌기 때문이다. 나는 가장 중요한 부분인 진정성을 잊고 살았던 건 아닐까 싶다. '김삼열의 효 이야기'를 읽으며 느낀 건 단순하지만 쉽고, 내가 잘 알고 있는 이야기이면서도 너무 쉽게 잊어버리는 부분들을 잘 짚어주었다는 점이다.

'효 배우기라니, 그게 가능해?'라고 생각했던 감정들이 녹은 것도 내가 효에 대한 기본이 없었다는 걸 깨달았기 때문이다. 우리는 겉만 효녀, 효자로 지내고 있는 게 아닐까 생각해봐야 할 부분이다. '엄마' 하고 말하면 다들 가슴 한 구석이 아련해지면서 표현을 못하는 게 요즘 사람들이다. 어쩌면 그들에게는 현란한 효 이야기보다 진솔하게 전달해주는 말이 더 필요하지 않을까 생각한다. '어머니, 어머니 죄송하다'는 말이 다른 글자보다 몇 배 커 보이는 이유도 그런 게 아닐까?

어머니 어머니
당신은 생불이십니다.
죄송합니다
죄송합니다

어머니.

이 글을 읽고 나는 몇 번이나 다짐했다. 이쪽저쪽 휘몰아치는 감정에 휩쓸렸다가 퍼뜩 '어머니께 사랑한다 말해야지.'라고 생각했다. "엄마. 사랑해." 정말 쉬운 말 아닌가. 그런데 왜 나는 그동안 이렇게 쉬운 단어는 잊고 "엄만 왜?"하며 내 기분에만 신경을 썼을까? 참 이상도 하다. 언제나 미안하고 사랑하면서 우리는 어머니를 그렇게 잊고 산다. 그래서 '효 배우기'가 생긴 것 같다. 당연한 걸 잊었으면 다시 생각하고, 언제나 옆에서 기다려 주시리라 생각했던 어머니께 효도를 하려 했을 때 이미 곁에 계시지 않는 경우가 많다. 당연한 걸 잊고 사는 사람들을 위해 '효 배우기'가 존재하는 것처럼 느껴졌다.

오늘은 유자차 몇 스푼 담뿍 넣어 어머니께 드려야겠다. 이런 작은 것에도 기뻐해주는 분이 바로 우리 어머니들이시다.

|우수상|

세 살배기에게 배우는 효

김주화

'孝'를 이야기하자면 빠질 수 없는 고전 구절이 있다. 『身體髮膚는 受之父母요 不敢毁傷이 孝之始也라.(효경)』 (신체의 모든 것은 부모님께로부터 받았으니 감히 상하지 않게 하는 것이 효의 시작이다.)

공자는 '孝'가 도덕의 근본이라고 했다. 그런데 그 도덕의 근본이 되는 '孝'의 시작은 부모님으로부터 받은 자신의 몸을 아끼고 보호하여 다치지 않게 하는 것이라고 한다. 왜 그런가 가만히 살펴보면 문자 그대로 '다치지 말라'는 이야기 보다는 '부모님께 걱정을 끼치지 말라'는 의미가 숨어있음을 알게 된다. '부모님께 걱정을 끼치지 말라'는 의미로 또 다른 고전의 구절을 살펴본다면『出必告하고 反必面하라.(소학)』가 있다. 나갈 때에는 반드시 부모님께 자신의 향방을 알리고, 돌아왔을 때에는 반드시 얼굴을 보여 무탈하게 돌아왔음을 확인시켜 드리라는 것이다. 자식의 출입에 부모님은 걱정하시기 마련이니 그런 걱정을 끼치지 않도록 성심성의껏 인사를 드리라는 의미이다.

그러나 부모님께 걱정을 끼치지 않는 것이 단지 자신의 신체를 보호하는 일 정도의 1차적인 의미에만 머물러서는 안 될 것이다. 한 단계 더 성숙한 의미로 '부모님의 마음을 헤아려 그 마음을 편히 해드리는 것'이 되어야 한다.

작년 여름 친정엄마가 많이 편찮으셨다. 여름이 오기 전까지 3살, 2살 연년생 남매를 키우느라 매일같이 전전긍긍하던 나를 도와주시려고 일주일에 한 번 정도는 딸네 집을 들여다 봐주시던 자상하고 건강한 엄마셨다. 그런데 어느 날부터 엄마는 특별한 이유도 없이 편찮으셨다. 엄마는 머리끝부터 발끝까지 숨쉬기 어려울 정도의 증상으로 괴로워했다. 일주일에 한 번 정도는 꼭꼭 들여다봐주시던 엄마셨기에 기다려도 오시지 않아 궁금해서 전화를 드렸더니 많이 편찮으시다는 말씀을 하시며 그 와중에도 더위에 어린 아이들과 고생할 나를 걱정하셨다. 그때 나는 너무너무 속상하고 걱정이 되어 증상을 꼬치꼬치 캐물으며 빨리 병원에 가시라고 채근을 하였고, 엄마는 어느 병원, 무슨 과를 예약해 놓으셨다며 걱정 말라고 오히려 나를 달래셨다. 검사 결과가 나오는 날이면 또 전화를 해서 어떻게 되었는지를 여쭸다. 그런데 병원에서는 아무 이상이 없다는 결과만 나왔다. 그러면 나는 다른 병원, 다른 과의 진료를 받아보실 것을 권하고 그러겠노라는 다짐을 엄마께 받아내며 전화통화를 마치곤 했다. 그렇게 한 달이 흐르고 두 달이 흘렀다. 두 달 간 이런 통화는 반복되었다. 처음에는 괜찮다 걱정 말라 하시던 엄마도 시간이 지나자 점차 지치셨는지 내가 권하는 이런저런 병원들의 목록을 엄마도 다 알아봤다고 하시며 성을 내시기도 했다. 엄마는 숨쉬기 힘들 정도로 편찮으신데 검사 결과는 모두 이상이 없다고 나오고 병명조차 알지 못하니 그저 답답할 뿐이었다. 한 달 쯤 지난 뒤부터 엄마는 내가 서운해 할까봐 걱정을 하시기도 했다.

"엄마가 못 가봐서 더위에 너도 정말 힘들겠다. 도와주지 못하는 엄마가 서운할지 몰라도 엄마가 많이 아파. 아파서 정말 꼼짝도 못하겠다. 너도 힘들겠지만 엄마도 그만큼 힘들고 아프고……. 너 못 도와줘서 마음 아픈 것도 알아줬으면 좋겠다."

그러면 난 무슨 말씀이시냐고 펄쩍 뛰었고, 엄마가 건강을 회복하는 것이 가장 중요한 일이니 내 걱정은 마시라고 몇 번이나 말씀드렸다. 아이들도 잘 크고 있다고 다들 혼자 키우지 않느냐고 그동안 엄마가 도와주셔서 나는 편했던 거라고 이젠 나도 혼자서 잘할 수 있다고 말씀드리곤 했다.

걱정 속에 여름을 지내고 어느덧 아침저녁으로 선선한 바람이 불기 시작했다. 폭염이 지나가고 낮 기온도 점점 떨어지면서 가을이 오자 거짓말 같이 엄마의 병세가 조금씩 나아지기 시작했다. 병명조차 알 수 없던 답답했던 증상들이 하나 둘 누그러들고 엄마도 건강을 많이 회복하시게 되었다. 그리고 추석이 되었다.

추석을 맞아 친정에 간 김에 일주일 정도를 아이들과 머물게 되었다. 어느 날 오후, 엄마와 마주앉아 과일을 먹으면서 이런저런 이야기를 했는데 그해 여름 엄마가 얼마나 아프셨는지 말씀하셨다. 전화로 나에게 말씀하신 것은 일부의 증상일 뿐 엄마가 겪었던 고통은 그보다 더 큰 것이었다. 엄마는 우리 삼남매에게 서운함을 내비치셨다. 평생 엄마가 아프다는 말씀을 하신 적이 별로 없는데 그런 엄마가 아프다고 할 때는 정말 너무너무 아픈 거였는데 너희는 별 반응이 없더라면서 서운해 하셨다. 나는 펄쩍 뛰며 아니라고 정말 많이 걱정했다고, 내가 아이들을 데리고 엄마를 찾아뵈면 오히려 엄마가 더 힘드실까봐 걱정이 되어 찾아뵙지 못했다고 힘주어 말씀드렸다. 그래도 엄마의 서운함은 쉬 가라앉지 않는 것 같았다. 서운해 하시는 엄마에게 내가 오히려 서운해졌다. 나도 모르게 슬며시 화도 났다. 설왕설래하며 얼마간 그런 얘기가 오가고 있었는데 거실 한 켠에서 놀던 세 살배기 아들이 갑자기 외할머니를 향해 다가왔다.

"할머니, 많이 아팠어?"

"응. 이제는 다 나았어."

그러자 세 살배기 손자는 사랑 가득한 손길로 외할머니를 꼭 껴안으며 말했다.

"할머니, 이제 괜찮아?"

"응. 이제 괜찮아."

물끄러미 바라보고 있었는데 친정엄마가 혼잣말을 하셨다.

"우리 인규 같이 이래야지."

그 말을 듣는데 순간 머릿속이 하얘지고 뭔가로 얻어맞은 듯 멍해졌다. 그제야 엄마의 마음 속 외로움이 느껴지고, 그제야 엄마의 마음이 어렴풋이 헤아려졌다. 편찮으셨던 엄마가 원하신 것은 병원목록 따위가 아니었다. 아니, 병원 목록도 도움이 아주 안 되지는 않았겠지만 그보다는 우리 자식들이 진심으로 그 아픔을 공유하기를 원하셨던 것이다. 편찮으신데 귀찮게 하지 않으려고 아이들 데리고 찾아뵙지 않는 것을 원한 것은 아니다. 당장에라도 달려와 저릿저릿한 손과 발을 주물러 드리고 눈을 맞추며 어디가 그렇게 많이 아프시냐고 아픔을 나누기를 마음 한편으로는 간절히 바라셨던 것이다. 속상해하며 병원 목록만 불러대는 딸에게 엄마는 많은 외로움을 느끼셨나 보다. 내가 뽑아드린 '병원 목록'으로 엄마는 스스로를 부담스러운 '짐'같이 여기셨는지도 모르겠다. '너는 엄마에게 서운하겠지만…….'이란 말씀을 자꾸 하셨던 것도 이제야 이해가 되었다. 그 외로움이 느껴져서 그 쓸쓸함이 전해져서 순간 감정이 북받쳤다.

아, 엄마의 마음은 그게 아니었구나…….

엄마는 우리에게서 세 살배기 손자처럼 곧이곧대로의 순수한 걱정, 사랑하는 손길, 진심어린 눈빛을 기다리셨나보다. 오히려 힘들고 귀찮으실까봐 찾아뵙지 못했던 내 의도와는 다르게 '엄마에게 서운해서 찾아뵙지 않는 것'으로 엄마는 받아들이셨나보다. 정말 그런 것은 아니었는데 엄마의 마음을 헤아리지 못해 엄마 마음에 상처 아닌 상처를 남겼다. 지금 다시 생각해보니 정말 어처구니없는 마음 읽기였다. '힘들고 귀찮으실까봐.'라니……. 나도 부모이면서 부모 마음을 그렇게도 헤아리지 못했다니 애를 둘이나 낳았다지만 아직도 철이 들려면 멀었나보다.

어느 책에서인가 '孝'라는 것은 내가 하기도 해야 하지만 받기도 해야 완성되는 것이라는 구절을 읽은 적이 있다. 자식노릇뿐 아니라 부모노릇도 모두 잘해야 '孝'를 이루는 길이라는 이야기이다. 자식노릇을 잘 하는 것이야 이미 알려진 대로 부모님 말씀에 순종하고 그 마음을 헤아려 걱정을 끼치지 않는 것이다. 그렇다면 부모노릇을 잘 하여 효도를 받기 위해서는 어찌해야 할까. '부모노릇 잘 한다'는 의미는 결국 '자식노릇'을 잘 하는 것이 아닐까하는 생각을 해본다. 자식은 부모의 모습을 닮기 마련이다. 어느 책의 제목처럼 결국엔 삶으로 가르치는 것만 남기 마련이니까. 부모가 '자식노릇'을 잘 하면 평생 그 부모를 보며 크는 자식들은 자연히 '자식노릇'을 잘 하는 아이들이 되지 않을까. 그렇다면 하기도 하고 받기도 해야 하는 '孝'는 극진히 자식노릇을 잘 하는 것이 시작이자 끝이 되는 것이다.

부모님의 마음을 헤아리는 데는 계산이 필요 없다. 세 살배기처럼 그저 보이는 그대로의 부모님 모습에 정성을 다해야 할 뿐이다. 부모님 앞에서 자식은 언제나 아이라고 했던가. 아이의 순수함으로 부모님의 마음을 함께하고 싶다. 그래서 외롭지 않으시도록 쓸쓸하지 않으시도록 해드리는 그런 작은 효라도 이루고 싶다.

|우수상|

갈치 두 토막

최일규

급하다. 어서 터미널에 도착해야 한다. 10분밖에 안남은 것 같다. '이럴 줄 알았으면 좀 더 일찍 나올 걸.'하는 후회가 든다. 사실 오늘 아침 그리 늦게 일어난 것도 아니다. 다른 날보다 일찍 일어나서 짐도 챙기고 아침도 먹었다. 그런데 문제는 엄마가 챙겨주시는 반찬 때문에 일어났다. 갑자기 아침에서야 애호박이 집에 세 개가 있으니 하나만 가져가라신다. 어제 깜빡하고 못 넣었다는 표정이셨다. 나는 손을 살래살래 흔들었다. 평소 같으면 내게 묻기도 전에 가방 안에 넣으셨겠지만 오늘 아침에 엄마는 좀 망설이는 듯했다. 어제 저녁 동생과 합세해 엄마가 챙겨주시는 반찬가방에 대해 칭얼거렸기 때문이다.

"엄마! 호박이랑 감자 같은 건 올라가서도 살 수 있단 말야. 괜히 무겁기만 하고 또 안 먹으면 금방 썩어버리는데 도대체 왜 바리바리 싸주느냐 말야!"

이렇게 말씀드려도 엄마는 막무가내시다. 또 유기농 채소로 잘 골라서 사먹겠다고 엄마를 안심시키는 것도 이제 잘 통하지 않는다. 엄마의 주장은 간단하다.

"집에 있으니께 하나 가져가란 말여. 요거 하나 사러 시장 나가면 얼마나 구찮스런지 아냐. 기냥 잔소리 말고 가져가라믄 가져가."

이렇게 저렇게 엄마가 싸주신 보따리가 반찬 가방 하나 가득이다. 게다가 메고 다니는 가방 안에는 반찬가방에 들어가지 못한 미역 한 봉지와 복숭아 몇 개가 들어있다. 8월의 태양은 스물일곱 청년의 머리카락을 통해 들어와서 다시 미역이 든 어깨와 반찬이 든 가방을 지나고서야 땅에 닿는다. 태양의 무게까지 짊어지는 것 같은 기분으로 나는 서둘러 터미널로 뛰었다.

지난번엔 이런 일이 있었다. 동생이 혼자 고향에서 올라오는 길에 짐을 들어주러 터미널에 나갔었다. 집에 다녀오면 매번 짐이 한 보따리가 되니까 여자아이 혼자 들기 힘들 때가 많다. 짐을 들고 집에 와 정리하려고 가방을 풀었다. 비닐로 꼼꼼하게 싸여있는 반찬 그릇과 채소가 있었다. 그런데 가방 옆구리에서 호일에 꼬깃꼬깃 싸여있는 물컹물컹한 게 손에 잡혔다. 얼었던 것이 녹았는지 축축했다. 순간 짜증이 밀려왔다. 필시 먹는 것일 텐데 동생도 무언지 모른다는 것이다. 찝찝한 기분에 호일을 펼쳐보았더니 구운 갈치가 두 토막 들어있었다. 갑자기 웃음이 나왔다. 분명 엄마는 반찬을 싸주시면서 동생과 한바탕 티격태격 하셨을 것이다. 그리고 동생이 살짝 화장실이라도 가는 틈을 타서 몰래 넣어주셨겠지. 그리고 내일쯤 엄마는 '그거 아침에 프라이팬에 데워 먹으면 된다.'라며 전화를 할 것이다.

우리 엄마는 정(情)이 많으신 분이고 가진 것이 없어 고생도 많이 하셨던 분이다. 또 당신이 아는 사랑이라는 것을 이렇게밖에 표현해 보시지 않으신 분이라는 것을 잘 안다. 그리고 나는 그것을 머리로만 이해하려는 바보짓을 한 것뿐이다.

재작년에 외할아버지가 돌아가셨다. 7남매 중 막내딸인 엄마는 서럽게 우셨다. 외할아버지 묘소 앞에서 홀로 남은 외할머니를 모신다고 큰외삼촌은 말했지만 아직 외할머니는 혼자 계신다. 아흔이 가까우신 외할머니는 노환으로 편찮으실 때가 많다. 그리고 외로움을 많이 타신다고 엄마가 그랬다. 엄마는 주말마다 외할머니께 가셨다. 또 갑자기 전화가 오면 가게 일을 아빠께 맡기고 또 가셨다. 나는 화가 났다.

"왜 아들이라는 사람들은 나 몰라라 하는데 엄마만 이렇게 고생이야?"

그러면 엄마는 미안하다는 표정으로 이렇게 말씀하셨다.

"니 외할머니가 나를 그렇게 찾는단다. 맴이 짠혀서 어떻게 기냥 있것냐?"

그리고 외할머니께 갈 때마다 반찬 몇 개씩을 꼭 챙겨가셨다. 꼭 우리 남매가 서울 갈 때 챙겨주시는 것처럼 이것저것 푸짐하게 챙겨가셨다. 집에 돌아오면 외할머니가 그렇게 좋아하시더라고 말씀하셨다.

"어제 꿈에도 니가 나왔드라. 보고잡은디 참 잘 왔다."

"갈치가 참 맛난다. 느그 아부지도 참 좋아하셨는디……."

엄마가 누군가를 사랑하는 방법은 그 사람에게 정성을 다해 반찬을 해주는 것인가 보다. 엄마는 반찬을 하면서 얼마나 많이 나를 생각했을까? 아마 내가 짜증냈던 호일 안의 갈치 두 토막도 엄마는 살덩이 하나라도 떨어져 나갈세라 조심조심 구워내셨을 것이다. 그리고 막상 꺼내 먹어보면 맛있어 할 거라고 확신하면서 나 몰래 가방에 넣으셨겠지. 누군가를 사랑하고 누군가의 사랑을 받는 것은 갈치 튀김 한 토막과 같다. 머리로만 이해하려 한다면 겉에서 보는 그 눅눅함 이외에는 무엇도 발견할 수 없기 때문이다.

이번 주말엔 엄마를 위해 반찬을 하나 해서 내려가야겠다. 8월의 태양 덕분에 눅눅했던 가슴이 뽀송뽀송해진 기분이다.

|우수상|

나의 그녀

최미란

내 나이 2개월일 때 그녀 나이 쉰, 나를 친할머니에게 넘겨주고 집으로 돌아가는 길은 그렇게도 길었다고 합니다. 먼 훗날 내가 커서 어른이 되고서도 그녀는 가끔 이런 말을 했습니다.

우리 집 아랫목에서 내 손으로 손수 탯줄을 잘라 두 달을 금이야 옥이야 키웠는데 내 건강이 나쁘지만 않았어도……. 그날, 하늘은 파랗고 햇살도 따사로운데 마음은 얼마나 슬프던지. 아무것도 모르고 고사리 같은 손을 꼼지락거리며 샐쭉샐쭉 웃는 네가 야속하기까지 하더라.

내 나이 한 살 때 그녀 나이 쉰셋, 내가 처음으로 할매라고 부른 그날, 세상을 다 가진 기분이었다고 합니다. 뒤뚱뒤뚱 겨우 걸음마를 옮겨놓는 아기 입에서 할매라는 말이 나오는 것이 기적 같았다고 합니다. 그래서 우리 손녀딸은 한 돌이 겨우 지났는데 벌써 할매를 부를 줄 안다며 아무래도 천재인가 싶다고 동네방네 소문 내고 다녔습니다.

내 나이 다섯 살 때 그녀 나이 쉰일곱, 미운 다섯 살이라고 내가 여자애답지 않게 온 동네를 휘저으며 장난 치고 다녀도 그녀는 우리 손녀가 장차 큰일을 할 감이라고 대견해 했습니다. 그리고 '아, 야, 어, 여, 가, 갸, 거, 겨'를 가르쳐 주었습니다. 당신은 비록 세상을 잘못 만나 많은 공부를 하지 못했지만 너는 꼭 공부를 해야 한다고 귀에 못 박히도록 일깨워준 그녀였습니다. 세종대왕과 우리 말 우리 글을 알려준 것도 그녀였습니다.

내 나이 여덟 살 때 그녀 나이 예순, 처음 학교에 입학하던 날 저녁, 그녀는 나에게 말했습니다. 우리는 우리 민족의 고향땅을 버린 것이 아니라 마음에 묻어둔 것일 뿐이라고, 우리 말 우리 글은 세상에서 가장 아름다운 문자라고. 이 땅에서 우리 민족에 먹칠하는 일 없이 떳떳하고 당당하게 살아가라고.

내 나이 열세 살 때 그녀 나이 예순다섯, 맑은 하늘에 날벼락 같은 일을 겪었습니다. 뜻밖의 교통사고로 나는 하룻밤 새 갑자기 엄마, 아빠를 잃었습니다. 형체도 알아볼 수 없는 부모님의 손을 잡고 고래고래 소리치며 울다가 실성한 나를 껴안으며 그녀는 말했습니다. '세상이 끝난 게 아니야, 아직 내가 있어. 이 할미가 있다고.' 자식 먼저 보내는 그녀의 슬픔은 하늘이 무너지듯 큰 것이었지만 내 앞에서 그녀는 눈물 한 방울 흘리지 않았습니다.

내 나이 열아홉 살 때 그녀 나이 일흔하나, 대학입시를 앞두고 공부를 그만두겠다고 했습니다. 부모님이 돌아가시고 나서 그녀의 품팔이로 생계를 이어온 나날들이 신물이 날 즈음이었습니다. 빨리 내 손으로 돈을 벌어 그녀의 파뿌리 같은 흰 머리카락도 염색해드리고, 이마에 난 밭고랑 같은 주름살도 펴 드리고, 꼬부장한 허리도 고쳐 드리고 싶었습니다. 하지만 그녀는 난생 처음으로 화를 냈습니다. '어린 나이에 부모를 잃은 가여운 내 새끼'라며 항상 애지중지하던 그녀가 그렇게 화를 내는 모습은 처음 보았습니다. 그리고 나는 그녀가 꼬깃꼬깃 모은 돈으로 공부를 계속할 수 있었습니다.

내 나이 스무 살 때 그녀 나이 일흔둘, 대학입시 날, 그녀는 새벽같이 일어나 찹쌀을 직접 돌절구에 찧어 찰떡을 만들고 콩고물을 빻았습니다. 그리고 장롱 깊숙이 간직해 두었던 배냇저고리 끈을 내 호주머니에 달아주며 긴장하지 말라고 했습니다. 일흔의 나이도 마다하지 않고 7월의 열대야에 사흘(중국 대입시험은 3일 치름) 꼬박 입학

시험장 대문 밖에서 기다려준 그녀. 대학 입학 통지서를 받은 날, 평생 내 앞에서 눈물을 모르던 그녀는 아이처럼 펑펑 울었습니다.

내 나이 스물두 살 때 그녀 나이 일흔넷, 북경에서의 대학생활도 벌써 2년, 만만치 않은 학비와 생활비의 부담으로 그녀의 허리는 더욱 꼬부라지고 얼굴의 주름은 더욱 깊어갔으며 흰 머리카락은 늘어만 갔습니다. 나는 악착같이 아르바이트를 했습니다. 방학에도 차비가 아까웠고 한편으로는 학비를 벌려고 고향에 돌아가지 않았습니다. 그녀의 모습이 매일 밤 눈앞에 아른거렸지만, 그녀의 부담을 덜어 드리는 것이 바로 그녀에게 효도하는 길이라고 생각했습니다.

내 나이 스물다섯 살 때 그녀 나이 일흔일곱, 대학 졸업 2년째, 그녀는 내가 고향으로 돌아갈 것을 바랐지만 나는 월급이 높은 북경에 남았습니다. 악착같이 돈을 버는 것만이 유일한 가난으로부터의 탈출이라고 생각했습니다. 돈에 얽매이고 돈 때문에 전전긍긍하는 삶이 죽도록 싫었습니다. 직장 일을 하면서 여가에 번역도 하고 가이드도 하고 가게도 꾸려보고 돈이 되는 일이라면 마다하지 않고 했습니다. 그동안 고향으로 향하는 발걸음은 더욱 뜸해졌고 그녀에게 전화하는 시간조차 나에게는 사치였습니다. 매달 그녀에게 송금하는 것으로 내 효도를 다하려고 했습니다.

내 나이 스물여섯 살 때 그녀 나이 일흔여덟, 끝내 땅값이 금값이라는 북경에 은행대출을 보태기는 했지만 자그마한 방을 마련했고 사랑하는 사람도 생겼습니다. 그녀를 북경에 모셔왔습니다. 신기루 같은 도시의 빌딩숲과 꼬리에 꼬리를 잇는 차들, 여러 가지 피부색의 외국인들……. 그녀는 이 모든 것들에 불안해하고 당황했습니다. 내가 출근하여 저녁 늦게까지 혼자 방에 갇혀 있는 것도 갑갑해 했고 도시의 소음과 냄새에 숨 막혀 했습니다. 퇴근하여 밤늦은 시간 집에 들어서면 반겨주는 것은 식어버린 저녁밥과 혼자 핑핑 돌아가는 TV, 그리고 손녀를 기다리다가 소파에서 그대로 잠든 그녀였습니다. 그녀는 시골의 높은 하늘과 하얀 구름과 깨끗한 공기와 싱그러운 풀 내음이 그립다고 혼잣말처럼 계속 되뇌었습니다. 끝내 두 주일도 채 못 채우고 고향으로 돌아가시면서 그녀는 언제 결혼할 거냐고 했습니다.

“꼭 내 손으로 시집보내고 싶은데……. 내 손으로 한복 고름을 매주고 싶은데…….”라고 말하는 그녀에게 나는 ‘돈을 좀 더 모으고 나서 할 거다.’라고 대답하면서 용돈을 두둑이 챙겨 드리는 것을 잊지 않았습니다. 내가 해드릴 수 있는 것은 사실 그것밖에 없었습니다. 떠나는 그녀의 모습이 그처럼 가냘프고 쓸쓸함을 나는 왜 발견하지 못했을까요?

내 나이 스물일곱 살 때 그녀 나이 일흔아홉, 그녀는 다사다난하다는 인생의 아홉 고개를 결국 넘기지 못하고 떠났습니다. 내가 조금만 더 기다려달라고 조금만 조금만 하는 사이 그녀는 떠나고 말았습니다. 유품을 정리하면서 통장이 눈에 띄었습니다. 내 이름으로 된 통장, 오래된 그 통장에는 어마어마한 액수의 돈이 들어 있었습니다. 내가 드렸던 용돈보다 어쩌면 그녀는 나의 전화를 더 기다렸는지 모릅니다. 통장과 함께 한 것은 닳고 손때 묻은 내 사진 한 장뿐이었습니다. 그 수많은 세월 동안 그녀는 겨우 내 사진 한 장으로 그리움을 채웠나 봅니다.

내 나이 스물여덟 살 때 그녀 나이 일흔아홉, 고향에 돌아왔습니다. 늦었지만 그녀의 곁을 지키고 싶었습니다. 그리고 그녀가 그토록 바라던 결혼을 했습니다. 하지만 텅 빈 그녀의 자리는 내 마음에도 커다란 구멍을 내버렸습니다.

내 나이 서른 살에도 그녀 나이 여전히 일흔아홉, 아마도 그녀를 왕할머니라고 부를 귀여운 내 새끼도 생기겠죠. 하지만 그녀는 대답할 수 없습니다. 하늘나라 먼 곳에서 묵묵히 나를 지켜주시겠죠.

내 나이 마흔을 넘어 두루뭉술한 아줌마가 되어도 쉰을 넘어 머리가 희끗희끗해지기 시작해도 예순을 넘어 이마에 주름 잡힌 파파할머니가 되어도 나의 그녀는 떠나실 때 그 모습으로 내 옆을 지켜줄 것입니다.

오랜 세월이 지난 후 언젠가 그녀를 다시 만난다면 이 못난 손녀를 용서해 달라고 빌고 싶습니다. 그리고 그때는 돈이 아닌 마음으로 된 효도를 하고 싶습니다.

|우수상| 대학부

가족사진을 닦는 여자

황유정

불혹을 넘기고 나면 자신의 얼굴은 스스로의 책임이라는 말이 있다. 얼마나 웃으며 살아왔는지 얼마나 한숨을 쉬었었는지 전부 얼굴에 나타나기 때문이다. 혼자 자취를 하다 가끔 집에 돌아와 부모님을 뵈면 괜스레 슬퍼진다. 두 분의 얼굴에 가득한 주름과 한숨의 흔적들, 그것은 두 분의 책임이 아니라 전부 어릴 적 내가 새겨놓은 불효의 자국들이다.

내가 중학교에 입학하던 해 아버지의 회사가 망했다. 연일 뉴스에 나오던 IMF라는 괴물 탓이었다. 몇 개나 되던 회사들이 도미노처럼 무너졌고 아버지는 몇 십 억의 부채를 껴안은 신용 불량자가 되었다. 할머니께서 평생을 바쳐 일군 자산을 모두 쏟아 부어 간신히 길거리에 나앉는 꼴은 면했지만 우리는 원래 살던 집의 반도 안 되는 곳으로 이사할 수밖에 없었고 집안 분위기는 말이 아니었다. 이제와 돌이켜보면 그때 아버지가 얼마나 힘드셨을지 조금이나마 알 것 같지만, 당시 나는 철없는 열네 살이었다. 그전에도 나의 부모님은 엄하고 무뚝뚝한 분들이셨다. 옛날 사람들이 대개 그렇듯 감정 표현을 잘 못하고 엄한 가르침만이 부모의 역할이라 생각하셨다.

사소한 말썽에도 매를 드는 아버지를 나는 이해할 수 없었다. 밤마다 술에 취해 들어오는 아버지와 언성을 높인 뒤 어머니가 보이던 눈물은 견디기 어려운 스트레스였다. 시간이 지날수록 아버지는 더욱 날카로워지셨고, 나는 그런 아버지의 꾸중을 피하기 위해 거짓말을 늘어놓기 시작했다. 거짓말이 들켜 더 많은 매를 부를 걸 알면서도 눈앞의 아버지가 무서워 나도 모르게 거짓말을 했다. 그 악순환을 반복하며 내 머릿속엔 서서히 아버지에 대한 원망이 자리 잡기 시작했다. 나를 이렇게 만든 건 아버지라는 생각이 들었다. 언제나 어두운 어머니의 표정과 못사는 동네에 산다고 은근히 나를 무시하던 아이들의 시선은 전부 아버지의 탓이 되었다.

그쯤 나는 문제를 일으키기 시작했다. 무서운 아버지 앞에서는 조용했지만 어머니와 단둘이 있는 낮에는 반항이 심했다. 학교도 잘 가지 않았고 도벽이 붙어 작은 물건들을 훔치기도 했다. 통제가 되지 않는 나를 보다 못한 어머니는 결국 아버지께 내 잘못들을 고하기 시작했다. 당시에는 매를 들던 아버지보다 내가 맞을 것을 알면서도 잘못을 일러바치는 어머니가 더 미웠던 기억이 난다. 지금 와서 돌이켜보면 당시 부모님께서 엄히 다스리신 덕에 내가 지금 이렇게 번듯한 대학생으로 성장했다는 생각이 든다. 안 그래도 힘든 일이 많았을 그때의 부모님께 나는 얼마나 큰 불효자였던가.

하지만 나의 불효는 끝나지 않고 계속됐다. 고등학생이 되어 급기야 가출을 하고 말았다. 친구와 둘이 가출을 결심하고 계획을 짰다. 아주 돌아오지 않을 생각으로 사계절 옷을 트렁크에 모두 챙겼다. 가출을 감행하던 날 아침, 나는 어머니의 지갑에서 몰래 현금카드를 꺼냈다. 평소처럼 아침을 먹고 교복을 입은 채 집을 나섰다. 대문 밖에 미리 놓아두었던 트렁크에서 옷을 꺼내 갈아입고는 친구를 만나 고속버스터미널로 향했다.

현금카드 비밀번호는 예상대로 내 생일이었다. 현금인출기에서 한 번에 뽑을 수 있는 돈은 70만 원이었다. 70만 원씩 네 번쯤 뽑았을 때 갑자기 경보음이 울리고 '도난 카드'라는 경고가 인출기 창에 떴다. 친구와 나는 아연실색했다. 나중에 알게 된 사실이지만 그 시간에 어머니도 은행에서 돈을 찾고 계셨던 것이다. 계좌에서 돈이 쑥쑥 빠져나가는 걸 보고 어머니는 얼마나 놀라셨을까. 아무튼 나와 친구는 혼비백산해서 매표소로 달려갔다. 출발시간이 가장 빠른 버스는 부산행이었다. 그렇게 우리는 집을 떠나 부산으로 향하게 되었다.

떠날 때는 철없는 마음에 그저 좋기만 했다. 지긋지긋한 집과 학교에서 탈출한다는 생각에 흥분된 우리는 수중에 돈까지 있으니 무서울 게 없었다. 가출사실을 알고 난 뒤 마음 졸일 부모님의 심정은 조금도 헤아리지 못했다. 아니, 외려 부모님께서 마음 아프실 것을 내심 기대했던 못난 자식이었다. 우리는 부산에 도착해서 셋방부터 잡았다. 가전제품을 사고 머리 염색을 하며 흥청망청 돈을 써댔다. 지금 떠올리면 너무나 부끄러운 기억이다. 내가 흰빛에 가깝도록 머리를 물들일 때 부모님의 머리에서는 가슴 아픈 새치가 한가득 자랄 것을 그 때는 몰랐었다.

철없이 나간 고등학생이 외지에서 오래 버틸 리가 없었다. 한 달이 지나자 수중의 돈은 바닥이 났다. 나는 허둥지둥 아르바이트 자리를 구하기 시작했다. 하지만 가출 청소년인 탓에 신분을 증명할 것이 없어 신분증이 필요 없는 아르바이트만 골라서 하기 시작했다. 그래봤자 전단지 붙이기와 공사장에서 시멘트를 휘젓는 일 정도였다. 그마저도 임금을 떼먹히곤 했다. 일을 시킬 땐 아무 말도 없다가 급여를 주는 날이 되면 '너 가출했지?'라며 협박을 하였다. 결국 침만 삼키고 등을 돌리는 일이 잦았다.

아버지 회사가 망했을 때에도 부모님은 내게 아르바이트를 시키지 않으셨고 오히려 내가 기죽을까봐 용돈도 깎지 않고 전과 똑같이 주셨다. 어린 딸마저 경제적인 어려움을 느끼는 게 두 분은 싫으셨던 것이다. 집이 그렇게 크게 망했었는데도 가출해서야 처음으로 끼니를 굶어보았다. 두 분은 매일 집을 나가 일하셨는데 나는 처음으로 힘든 아르바이트를 해보았다. 그제야 부모님의 사랑이 가슴에 절절히 와 닿았다. 죄송한 마음과 돌아가고 싶은 마음이 동시에 고개를 들었다.

결국 나는 가출한 지 두 달 만에 친구를 설득하여 아버지 휴대폰으로 전화를 걸었다. 익숙한 통화 대기음을 들으니 심장이 터질 것만 같았던 기억이 난다.

"여보세요."

오랜만에 듣는 아버지의 목소리는 예상 외로 차분했다. 나는 떨리는 목소리로 '저에요'라고 말했다. 잠시나마 침묵이 찾아올 거라 예상했지만 아버지는 금방 밝은 목소리로 대답하셨다.

"우리 큰 딸 목소리 오랜만에 듣네."

그 순간 눈물이 왈칵 쏟아졌다. 나는 한참 동안 말을 잇지 못하고 울었다. 너무 죄송해서 오히려 죄송하단 말이 입 밖으로 나오지 않았다. 아버지는 그저 잘 지냈는지 물을 뿐이었다. 내일 돌아가겠다는 말에 아버지는 굳이 터미널로 나오겠다고 하셨다. 뵐 낯이 없어 그러지 마시라고 몇 번을 말했는데도 아버지는 기어코 나오겠다 하신다.

다음날 터미널에서 만난 아버지는 몇 년이 지난 듯 그새 참 많이도 늙으셨다. 미간의 내 천(川) 자 주름과 입가의 팔자 주름은 생소한 것이었다. 엄청 혼날 것을 각오했었는데 아버지는 환하게 웃으며 나를 껴안으셨다. 짐을 옮겨 싣고 집으로 돌아오는 차 안에서 아버지가 입을 여셨다.

"나도 고등학교 때 네 할머니 속을 많이 썩였었지. 너만큼 오래는 아니어도 가출을 자주 했었는데 네가 나갔다고 그랬을 때 '역시 얜 내 딸이구나.' 싶었다. 잘 지내다 돌아올 것을 믿고 있었다."

나는 아무 대답도 할 수 없어 고개를 푹 숙였다. 눈물이 핑 돌았다.

"너 없는 동안 나도 반성을 많이 했단다. 그동안 감싸주지 못하고 몰아붙이기만 해서 미안하구나."

그날 나는 차 안에서 거의 대성통곡을 했다. 뉘우침과 죄송함은 눈물이 되어 뚝뚝 떨어졌다. 그때 울면서 더 이상은 부모님 앞에서 울지 말자, 다시는 마음 아프게 해드리지 말자고 다짐했다. 집에 돌아가니 어머니는 앓아누워 계셨다. 내 어깨를 두드리며 우는 어머니 앞에서도 나는 울지 않았다. 애써 밝게 웃으며 진심을 담아 죄송하다고 말씀드렸다.

“다시는 우실 일 없게 할게요.”라고 용기를 내서 말했다. 그제야 어머니는 조금 미소를 보이셨다. 나중에 들은 이야기지만 두 분은 나를 찾기 위해 근처 PC방이며 찜질방을 전부 돌아다니셨다고 한다. 이력에 남을까봐 가출신고는 못했지만 두 분은 그렇게 나를 찾아다니셨다고 한다.

오랜만에 집에 들어와 마음 편히 자고 일어난 아침, 나는 마루에 나가보았다. 가출하기 전과 마찬가지로 액자에 가족사진이 걸려있었다. 이 집에 처음 이사 왔을 때 걸어둔 사진이었다. 가까이 다가가 사진을 들여다본 나는 참았던 눈물을 결국 터트리고야 말았다. 걸린 지 오래되어 먼지가 뽀얗게 내려앉은 액자 위에 내 얼굴만 선명했다. 다른 가족들은 모두 먼지에 가려 희뿌연데 내 얼굴만이 멀끔하게 닦아져 있었다. 손가락으로 쓰다듬은 흔적이었다. 내가 없는 사이 부모님이 액자 앞을 오가며 내 얼굴을 쓸어내리셨나 보다. ‘언제쯤 올까?’, ‘아프진 않을까?’ 그리움을 담아 어루만지셨을 것이다. 철없는 나의 행동에 두 분은 오직 당신만을 탓하시면서 내내 딸의 얼굴을 쓸어내리셨겠지.

나는 눈물을 닦고 행주를 물에 적셔 꼭 짰다. 조심스럽게 가족사진 위에 앉은 먼지를 닦아냈다. 그 뒤로 다니던 학교를 자퇴하는 등 많은 어려움이 있었지만 부모님의 지원으로 이겨낼 수 있었다. 가족 간의 결속과 화합이 이렇게나 행복한 것인지 몰랐었다. 나는 학교를 옮기고 예전보다 더 열심히 글을 썼다. 착실히 전국 백일장에 나가 수상 실적을 쌓았다. 결국 가출했다 돌아온 지 1년 만에 문예 특기자로서 번듯한 대학에 입학할 수 있었다. 비록 대학 때문에 자취를 시작한 뒤로 자주 집에 가지는 못하지만 갈 때마다 부모님께서 좋아하실 간식을 사들고 간다. 그리고 틈날 때마다 가족사진이 걸린 액자를 닦으며 다짐한다. 이미 부모님의 얼굴에 생긴 주름은 어쩔 수 없지만 다시는 나로 인해 주름이 파이게 하지 않겠다고 웃을 때 생기는 행복한 눈주름만 만들겠다고 다짐했다.

부모님도 사람이다. 두 분의 인생에는 각자가 지고 가야 할 슬픔과 괴로움들이 있다. 아무리 부모일지라도 부모님도 신이 아닌 사람이기에 자식 앞에서 완벽할 수는 없는 것이다. 예전에 나는 부모님의 모든 약점들을 상처로 받아들였다. 하지만 지금은 부모님의 허물까지도 따뜻한 시선으로 바라보려 노력한다. 우리 모두는 불완전하지만, 그러기에 더욱 서로를 껴안아야 한다. 그래야 비로소 완전해질 수 있다.

오늘도 가족사진이 걸린 액자를 닦으며 그동안의 불효를 더 큰 효로 돌려드려야겠다고 생각한다. 더 이상 부모님의 얼굴에 뿌연 한숨이 앉을 일 없도록 가족사진을 닦듯 열심히 효도해야겠다.

|우수상| 초등부

효자

양동혁

얼마 전 도덕시간에 선생님께서 '지게 효자'에 관해 말씀해 주셨는데 이 효자 아저씨는 몸무게가 45Kg 정도 되시는 아버지를 15Kg 되는 지게에 업고 산에 올라갔다. 그 이유는 아버지가 산에 가고 싶어 하시는데 휠체어로는 어림도 없기 때문에 지게를 만든 것이다. 그런 생각을 해낸 것은 아버지를 사랑하고 효도하는 마음이 있었기 때문이다. 나는 물병 하나 들고 산에 올라가는 것도 힘든데 60Kg이라니 상상이 가지 않는다.

효도를 하겠다는 마음은 슈퍼맨 같은 힘도 생겨나게 만드는 것인가 보다. 이 효자의 이야기가 중국에까지 알려져 중국 사람들이 이 효자를 아버지와 함께 초청을 하였다. 그래서 중국에 간 효자는 아버지를 지게에 태우고 만리장성까지 올랐다고 한다. 아버지를 지게에 태우고 만리장성까지 올라간 효자도 있는데 엄마 말씀을 듣지 않는 나는 정말 불효자란 생각이 들었다.

이제 4학년밖에 되지 않았는데 사춘기가 오는지 자꾸 엄마 말씀에 반항을 하게 된다. 반항뿐 아니라 3학년 때는 허락 받지 않고 노는 것은 꿈에도 생각하지 못한 일이었는데 허락 받지 않고 논 적도 한

번 있다.

엄마는 요즘 내게 "네 머릿속은 온통 노는 생각으로 가득 찼구나." 라고 말씀하시는데 그때는 조금 반성하다가도 '나는 지금 4학년인데 노는 것을 좋아하는 건 당연하지 않나?'라고 따지고 싶은 생각도 조금은 들었다.

작년까지만 해도 엄마가 혼내시거나 "나가!"라고 말씀하시면 속상했는데 지금은 아무렇지도 않고 대들고 싶은 마음이 조금 생긴다.

내가 엄마한테 가장 많이 듣는 잔소리는 "예의 바르게 해라." "그렇게 말하는데도 왜 고치지 않니?"와 "세상 버릇 여든까지 간다."이다. 이런 말은 정말 오십 번도 더 들었지만 아직도 고치지 못했다.

'효도'란 무엇일까 생각하다가 엄마가 매일 하는 소리를 하지 않도록 고치는 것이 효도란 생각이 들었다. 엄마 심부름을 하거나 엄마 설거지를 돕거나 엄마한테 생일 선물을 하는 것보다 부모님께 말대꾸하지 않고 잔소리 듣지 않는 것이 제대로 된 효도란 생각이 들었다.

나는 내일부터 작은 효부터 실천하는 아들이 될 것이다. 그래서 "동혁이가 엄마 말을 너무 잘 들어 잔소리 할 것이 하나도 없네."란 말을 꼭 들을 것이다. 그리고 사춘기가 찾아와도 절대 엄마한테 말대답을 하지 않을 것이다.

이렇게 글까지 썼으니까 이것을 지키지 않으면 거짓말을 하는 것이다. 효자라는 말은 듣지 못해도 불효자란 말 듣지 않도록 노력해야겠다.

효는

모든 종교와

모든 성현들의

한결같은 가르침이며

성공의 지름길이고

인간의 최소한의 도리이며

양심입니다.

김삼열
효 이야기

어머니 마음

불효해도 자식 사랑 어머니 은혜롭다.
하늘같은 자식 사랑 어머니 거룩하다.
부모를 홀대하고 제 자식만 사랑해도
용서와 사랑 속에 눈물로 안으셨다.
바램은 잊으시고 더 줄 것을 찾으시며
오직 가슴속엔 자식 행복뿐이셨다.
섭섭한 일, 못된 행동 용서하여 잊으시고
불효, 불효, 불효해도 사랑으로 안으셨다.
두 손 모아 빌고 빌며 자식 앞날 기도하고
치성으로 모운 두 손 천지신명 부르셨다.
병들고 가난해도 왕자처럼 여기시고
핏덩어리 살피시듯 그 정성 갸륵했다.
자나 깨나 자식 사랑 하늘같고 바다같아
내 몸 아플 때는 걱정으로 밤새셨다.
제 아내만 챙기고 제 자식만 돌보아도
밤이면 자식 사랑 눈물로 새우셨다.
세상을 다 주고도 못다 할 자식 사랑
눈감는 그날까지 자식 걱정 끝이 없다.
사랑을 다 주고도 목숨마저 내줄 사랑
숭고하다 거룩하다 부모 사랑 하늘같다.

그 어머니 깊은 사랑 무엇으로 갚으며
어머님의 눈물 사랑 무엇으로 대할까?
천추에 후회할 일 불효인가 하노라.

효의 중요성

효는 아름다운 영혼의 현실적 행동이며
사랑이 가득한 참인간의 길입니다.

인간을 바르게 교육하지 않으면
가정의 행복은 물론
인간 세상의 행복이 없다 해도
과언이 아닙니다.
효는 인간을 바르게 교육할 수 있는
최선의 방법입니다.

인간은 효로부터 행복한 삶의 철학을
찾을 수 있다고 모든 종교는 한결 같이 말합니다.

오늘의 인간 세상은 개인과 집단의 이기주의로
진정한 삶의 의미를 잃고
본능적인 쾌락에만 빠져들고 있어
생명력을 잃어가고 있습니다.

인간의 이기주의는 끝이 없어
자신을 그토록 헌신적으로 사랑하고 보호하며 길러준
부모의 은혜는 잊어버리고

연인들이나 친구들을 만나 행복을 말하고 있습니다.

인간은 기본적으로 부모의 은혜를 알고 갚는 것이
당연한 이치임에도 불구하고
그 은혜가 무엇인지 알려고도 하지 않고 불효하니
참으로 안타까운 일입니다.
이것이 세상이 바로 설 수 없는 이치입니다.

치사랑은 이성에서 비롯된 심성에서 나온 것이며
자식 사랑은 본성에서 비롯된
본능적인 사고에서 나온 것이기에
인간은 교육되고 훈련되어야 비로소
깨우침을 얻을 수 있습니다.

부모가 자식에게 무조건 잘해주고 재산을 물려주는 것은
바른 교육이 아닙니다.
자식이 부모에게 효도하는 모습을 보일 때
자식들에게 사랑을 주고 재산을 물려주어야 합니다.
불효하는 자식에게 지식을 넣어주고
사랑을 베풀어 재산을 상속하는 것은
사회악을 길러내는 것과 다를 바 없습니다.

자식들이 사회에서
이기적이고 기회주의적인 악인이 되지 않고
은혜를 알고 사회에 헌신하는
바른 인간이 될 수 있도록
온 힘을 다해 인성교육을 하고
훈련시켜야 하는 것이 부모의 의무입니다.
이것이 행복한 세상을 만드는 오늘의 과제이며
자식들을 성공하게 하고 행복하게 살 수 있게 하는

최선의 방법입니다.
자식들이 효를 알고 실천해 나갈 때
부모가 자식을 사랑하고 재산을 물려주어야 하며
이런 일이 일상화 될 때 효 교육도 바로 설 것입니다.
이러한 효 운동이 세계로 확산되어 나갈 때
우리는 비로소 이 사회에서
안심하고 행복하게 살아갈 수 있을 겁니다.

불효자에게 재산을 상속할 것이 아니라
선하고 착한 인간이 되도록 교육해야 하고
효자를 찾아 포상하는 운동을 통하여
바른 세상을 만들어 나가야 하겠습니다.

가정교육

가정에서 아이들의 기를
살려주는 것은
아이들이 버릇없는 행동을 하여도
방치해야 한다는 것은 아닙니다.
기는 살려주되
버릇없는 행동은 고쳐주어야 합니다.

가정에서 아이들을
버릇없는 아이로 기르는 것은
아이들을 세상에서 버림받는
불행한 사람으로 만드는 교육입니다.
아이들에게 공동체 의식을 가르치고
남을 생각하는 것을 가르쳐야 합니다.

아이들을 지나치게 보호하고
버릇없는 행동을 저지하고 고쳐주지 않는 것은
철저한 이기주의자와

개인주의자로 만드는 것입니다.
오늘날 이 세상이 도덕적으로나 인간적으로
붕괴되어 가고 있는 것은
미래를 책임져야 할 아이들에게
공동체 의식과 협동정신, 남을 배려하는 마음,
규칙과 질서를 지키는 교육을
제대로 하지 못해서 발생하는 것입니다.

이를 위하여 효 교육을 철저히 하면
많은 문제들을 해결할 수 있다고 선각자들은 말합니다.

효 교육은
인간성과 도덕성을 가르치는 최선의 방법입니다.
마땅히 인간이면 해야 할 효를 가르치는 일,
매우 중요한 오늘의 문제이며
인간을 성공하게 하는 특효약입니다.

온화한 얼굴

부모님께

효도는 하지 못하더라도
짜증스러운 얼굴, 화난 얼굴은
보이지 말아야 합니다.
요즘 세상은
자식들이 부모에게
화를 내고 신경질을 부리며
부모님께 패륜하니
인간 세상이 황패해 지는 것입니다.
인간이 금수만도 못하다고 하는 말이
사실로 드러나고 있으니
세상은 삭막하기만 합니다.
부모님께 미소를 지으며
온화한 얼굴로 대하는 것,
그것 하나만으로도
좋은 세상을 만들 수 있습니다.

어머니

삶의 여정에서
아무리 세월이 흘러도
어머니라는 존재는 그리움입니다.
영성이 우리에게 주는 것은
어머님의 마음이며 눈물입니다.
어머니는 언제나 죄송한 분으로
용서와 인내 그 자체입니다.
어머님이
살아계시거나 떠나가셨거나
언제나 어머니의 마음은 사랑이며
그에 보답하는 자식의 효도 역시 사랑입니다.
효는 인간의 최소한의 도리이며
자신을 착하고 겸손하게 하는 마음 공부이고
자신을 행복에 이르게 하고
성공하게 하는 최선의 방법입니다.

온 누리에 넘쳐날 효사랑

천애옥(효세계화운동본부 본부장)

이번 제6회 공모전 수상작품들을 편집하며 감회가 새로웠습니다. 작품마다 감동과 희망의 메시지를 전해왔고 불효에서 효를 깨닫고 실천해 가는 삶의 진솔한 향기를 느낄 수 있었습니다. 문득, 이런 장이 만들어지기까지의 효세계화운동본부 역사가 새록새록 떠오릅니다.

1994년 인간성과 도덕성이 실종 되어가는 안타까운 현실을 극복하기 위한 방안으로 효를 주창하면서 김수환 추기경, 한경직 목사, 조계종 종정 월하 스님, 김준엽 고려대학교 총장, 조순 부총리, 최창규 독립기념관장, 이강훈 광복회장, 서영훈 흥사단 이사장 등 각계각층의 원로 115명이 모여 효세계화운동본부를 설립하였습니다.

그 후 19년, 당시 본부장을 맡았던 김삼열 이사장과 더불어 효세계화운동본부에서는 효 교육 이론 정립, 효행법 제정, 효 실천과 효 사상 전파에 전념하였습니다.

그 일환으로 시작해 온 '효사랑 글짓기 공모전'은, 우리 민족이면 누구나 인터넷 카페 '효사랑방'을 통해 외국에서도 많은 공모작을 보낼 정도로 큰 호응을 얻고 있습니다.

"한 사람의 생각은 꿈이지만 만 사람의 생각은 현실이다."라는 말이 있듯이 이제 효세계화운동으로 중국, 미국, 독일, 일본, 캐나다 등 각국에 살고 있는 우리 민족의 꿈이 현실로 되어 가고 있습니다.

'효사랑 글짓기 공모전'은 이미 6회 차가 되었고 '효사랑 카페'가 만들어진지는 어언간 10년이 되었습니다. 그 세월동안 수천수만의 '효'를 깨달아가는 불효자 혹은 효자들이 '효사랑 카페'라는 장을 통해 자신의 불효를 반성하고 효행의 덕목을 실천하며 그 이야기를 공모전을 통해 표출해내었습니다.

칠순이 넘은 어르신은 정성스럽게 쓴 글에서 부모님 생전에 자신의 불효를 뼈저리게 자책하셨고 자리에서 거동조차 하기 힘든 장애인 소녀는 시간마다 가까워지는 삶의 막바지에서, 부모님이 주신 몸을 건강하게 하는 것이 큰 효도라며 부모님 보다 먼저 떠나갈지도 모르는 자신의 두려움과 슬픔보다 부모님이 가슴 아파하실 그 슬픔이 몇 곱절 더 무겁다고 혹여 자신이 떠나간 후, 그동안 부모님의 변함없는 뜨거운 사랑이 있어 행복했음이 부모님한테 전해졌으면 좋겠다고 하였습니다. 날마다 초롱초롱한 샛별 눈동자들과 만나는 초등학교 선생님의 사연에는 수업시간 시작 때마다 외치는 학생들의 '효도하겠습니다.'라는 인사를 들으면 이 아이들이 커서 부모님께 효도하는 인간다운 삶을 만들어 갈 때, 비로소 이 세상에 평화와 행복이 넘칠 거라는 생각이 든다고 하였습니다.

이러한 마음과 마음이 모아지고 열정과 노력의 흔적들이 거듭 쌓이며 시간의 세례를 더해 진한 향기가 된다면 온 누리에 효사랑은 넘쳐흐를 겁니다.

효사랑 공모전 수상작 2012

초판 인쇄일 2013년 6월 13일
초판 발행일 2013년 6월 20일

기　　획 효세계화운동본부
서울특별시 종로구 진흥로 439 인왕빌딩 403호
전화 02)3417-0817 전송 02)3417-0818
편 집 인 김삼열
책임편집 천애옥
표지그림 봄보리(대구 송현여고 교사) 作/10호 아크릴화 '꽃 피다'/2013 대구미술인상 수상작/봄꽃 피듯 한가득 꽃바구니에 꽃처럼 붉은 효심 담아보다.
발 행 인 이호영
발 행 처 문화숲속예술샘
서울특별시 종로구 진흥로 432 요진오피스텔쉐레이 514호
전화 031)306-5706 전송 0505)893-5706
등록번호 제313-2005-00141호(2005. 7. 6.)
ISBN 89-956948-9-3
정가 10,000원